让知识成为每个人的力量

前途丛书 THE GREAT EXPECTATION 〉

# 这就是投资人

## INVESTOR

### 孵化创新和创造的人

翁慕涵 / 编著

新 星 出 版 社　NEW STAR PRESS

# "前途丛书"使用指南

1. 这是一套现代职业说明书。

2. 社会分工日益精细，行业快速迭代。只有专业，才有前途。快速了解一个行业，精进成为专家，事关行业中每个人的前途。

3. 丛书特别适合以下几类人群：为子女规划未来的父母，高中和大学阶段的学生，刚刚步入职场的新鲜人，入行多年遇到发展瓶颈的职场人，以及从事职业生涯规划的专业人士。当然，如果你有充沛的好奇心，或者正在规划职业道路切换，它也很适合你。

4. 丛书涉猎的范围，既包括会计师、律师、医生这样的传统职业，也有投资人、软件工程师等热门职业，还有电竞选手、主播等新兴职业。

5. 丛书运用最新的知识挖掘技术，采访行业顶尖高手，提取从新手到高手的进阶经验，用顶尖人才的视野呈现"何谓专业""如何专业"。

6. 丛书为你安排的行进路线如下：

"行业地图"——站在高处俯瞰职业全貌；

"新手上路"——提供新人快速进入工作状态的抓手；

"进阶通道"——展现从业人员的进阶路径与方法；

"高手修养"——剧透行业高手的管理智慧和独特心法；

"行业大神"——领略行业顶端的风景；

"行业清单"——罗列行业黑话、推荐书目等"趁手"的工具，方便查阅。

7. 行进路上，你会看到多篇短小精悍的文章，每篇文章之后都附有行业高手的名字。文章之间穿插着的*彩色楷体字*，是编者加入的补充说明的文字，希望借由编者的"外行视角"，带你了解这一行的总体样貌。

8. 推荐特别关注受访行业高手的动态，他们在一定程度上代表了行业动向。

9. 丛书出版前，我们向专业从业人员和大众读者发起了审读。这套丛书，体现了许多无法一一具名的审读人的智慧。

10. 这是一项不断生长的知识工程。你如果有其他想要了解的职业，又或者你是某个行业资深的专家，愿意分享你的经验，欢迎与我们邮件联络（contribution@luojilab.com）。

丛书总策划：白丽丽

向贡献宝贵经验的 3 位行业高手

于红　王冠珠　李剑威

致敬

# 目录

## CONTENTS

### 第一部分 ｜ 行业地图

*01* 影响：风险投资的能量超乎你的想象　　　　　　　　*5*

*02* 周期：换种方式来界定企业的状态　　　　　　　　　*8*

*03* 工作：投资其实是一个复杂的系统工程　　　　　　　*11*

*04* 前景：不是投资机会少，而是你经历的周期不够长　　*14*

*05* 天梯：投资人的升职建立在日常工作的信誉上　　　　*16*

*06* 风格：风险投资可能不是一门艺术　　　　　　　　　*19*

*07* 机制：投资决策有赖于一套"特殊机制"　　　　　　*21*

*08* 薪酬：高于多数行业，但可能比你预想的要少　　　　*25*

*09* 挑战：会失控，也会"反人性"　　　　　　　　　　*28*

# 第二部分 ┃ 新手上路

## ◎ 入行

*01* 门槛：风投界的新人里鲜少有应届生      *34*

*02* 专业：风险投资人并不都是金融背景出身      *37*

*03* 平台：区分财务投资人和战略投资人      *39*

## ◎ 项目研究

*04* 拥抱变化：研究方法没法一招鲜吃遍天      *43*

*05* 选择赛道：找准细分市场远比盲找项目来得重要      *47*

*06* 调研需求：少数人的现有需求比较好切入      *50*

*07* 找到差异：选择带来结构性变化的解决方案      *54*

*08* 感知环境：眼光要放到项目之外      *57*

*09* 分析效益：甄别项目的盈利模式      *62*

*10* 计算规模：记住 500 亿这个虚数，从上到下去推演      *65*

## ◎ 判断壁垒

*11* 甄别：壁垒的概念有细微的区分      *69*

*12* 品牌优势：把品牌打到极致的"沸水效应"      *72*

*13*　规模经济：用规模去改变成本和运营结构　　　*76*

*14*　网络效应：能够自循环的产品才是最优秀的产品　　　*79*

*15*　数据优势：全方位描摹用户，理解市场需求　　　*82*

*16*　预测终局：以终为始，判断企业的价值　　　*85*

*17*　提前风控：和职能团队打好配合仗　　　*88*

## ◎ 寻找创始人

*18*　来自FA：通过财务顾问触达更多项目　　　*92*

*19*　来自蓝筹：盯住成熟企业的中高层　　　*95*

*20*　来自媒体：抓住创始人释放出的讯号　　　*98*

## ◎ 识别创始人

*21*　创始人的愿景力：将业务高度抽象，再把它做实　　　*101*

*22*　创始人的开放性："选择性"地消化建议，迭代自己　　　*104*

*23*　创始人的同理心：理解消费者、员工甚至竞争对手　　　*107*

*24*　创始人的领导力：成为团队中的"孩子王"　　　*109*

*25*　有潜力的创业者：不投也需要不断去跟进　　　*114*

*26*　有风险的股权架构：怎么看创始团队的股权架构设计　　　*116*

# 第三部分 ┃ 进阶通道

## ◎综合业务

*01* 学财务：管理会计知识 > 财务会计知识　　　*122*

*02* 算估值：找准与项目适配的估值方法　　　*125*

*03* 签协议：不是终点，而是阶段性的里程碑　　　*129*

## ◎投后管理

*04* 战略：和被投企业保持输入 / 输出　　　*136*

*05* 人才：帮助创始团队弥补人才短板　　　*139*

*06* 资金：为下一轮融资未雨绸缪　　　*142*

## ◎能力进阶

*07* 习惯：在大滞后系统里通过复盘完成神圣的闭环　　　*145*

*08* 动态：开放地看待公司发展的变化　　　*147*

*09* 选择：把时间分配给关键变量　　　*149*

*10* 定位：长期目标没错，短期小错不打紧　　　*152*

## 第四部分 ┃ 高手修养

01 窗口：高手不全是"老前辈" 157

02 能力：把行业联系起来自由思考 159

03 感知：预判外部环境变化 162

04 价值：买入一家真正创造价值的公司最重要 165

05 选择：找到适合自己的投资方式，不轻易变道 168

06 团队：招募一支好队伍，让它自发生长 170

07 组织：团队分工与成员培养 172

08 责任：受托人责任是把职业做长的根基 174

## 第五部分 ┃ 行业大神

01 沈南鹏：创业者背后的创业者 179

02 李宏玮：从战斗机设计师到女性投资人 183

03 迈克尔·莫里茨：是记者，也是投资人 186

# 第六部分 | 行业清单

01 行业大事记     *193*

02 行业黑话     *196*

03 头部机构     *206*

04 推荐资料     *211*

05 工具箱     *215*

## 第一部分

# 行业地图

投资是一个范畴非常大的话题。我们先就这本书介绍的投资人来做以下几个限定：

首先，他们的全职工作就是投资。在本职工作以外购买股票或者基金的个人投资行为，不在我们的谈论范畴中。

其次，他们的投资方式是私募股权投资。换句话说，他们购买的是尚未在股票市场上市交易的公司的股权。从事股票等证券交易的职业投资人，也不在我们的谈论范畴中。

再次，他们的投资标的主要是初创期和成长期的公司。而那些面向已经发展到较成熟阶段（甚至 Pre-IPO 阶段）企业进行投资的投资人，同样不在我们的讨论范畴中。

通过上运三则限定，本书讨论的投资人的画像就变得比较清晰了。没错，他们在发现初创公司价值的基础上，以买入公司股权的形式进行投资。由于这种投资行为高风险和高收益并存，我们通常把这一行的从业人员叫作风险投资人。

本书的第一部分是行业地图。地图由不同的路径汇集而成，我们向几位资深的风险投资人"问路"，将他们指明的路径汇编成为能够呈现风险投资行业全景的一份图纸。

人们普遍关心的待遇、晋升、行业前景问题，以及从事这份工作的高光时刻和至暗时分，将在这份图纸中逐一展示。

希望能和你一起找到测绘风险投资行业的方法。

## 影响：风险投资的能量
## 超乎你的想象

## 01

通过前文介绍，我们可以了解到：风险投资人主要面向初创公司进行股权投资。

无论从他们在资产管理行业的位置看，还是从他们的从业人数看，这一行的从业人员都显得非常小众。

先来看风险投资人在资产管理行业的位置：其一，他们是以买入公司股权的方式投资的。相对于主流的债权投资，它很小众。其二，他们是面向非上市公司投资的，相对于占大头的上市公司的股权投资，它很小众。其三，他们是面向早期和（一部分）成长期的公司投资的，相对于大多针对成熟期企业的投资，它很小众。

再来看风险投资人的从业人数：截至 2020 年 9 月，中国证券投资基金业协会登记的主要从事风险投资的机构（私募股权、创业投资基金管理人）仅 24,480 家。别说与"前途丛书"中的其他职业，比如说保险代理人、软件工程师比了，就算与资产管理行业其他的一些职业相较，它的从业人数也不在一个量级。

这么小众的一个职业，有必要单独写一本书吗？别急，下面的一组数据或许会改变你的想法。

把目光转向风险投资的起源地美国。根据《美国风险投资协会2019年刊》，美国仅有1047家风险投资公司。但飞桥资本合伙人杰弗里·巴斯更（Jeffrey Bussgang）发现：1959年—2000年的40多年里，数量极其有限的风投机构所投公司产生了1200万个就业岗位（约占全美劳动力总和的12%）。这些公司的销售总额高达2.9万亿美元，超过美国所有企业营业收入的20%。也正是这些极少数的风险投资人把亚马逊、苹果、脸书、微软等最具代表性的科技公司带入了大众视野。

不光是美国，在中国发展了超过20年的风险投资也扮演着相似的角色。阿里巴巴、京东等互联网行业的巨头们，早期都是在风投机构投资和投后服务[1]的支持下成长起来的。

虽说这一行的从业人员不多，工作性质也很小众，但这

---

1 投后服务是指投资人在实施投资后到项目退出之前，从融资规划、战略研判等维度，向被投企业提供帮助。相关内容在本书第三部分有展开讨论。

并不意味着风险投资人的工作不值一提。事实上，风险投资人用他们强大的资产管理能力及慧眼识珠的判断能力，极大地加速了科技创新的节奏，也启动了国家经济快速发展的引擎。

－某资深 VC 投资人 [1]－

---

1 有两位接受采访的投资人要求不显名，基于他们观点形成的文章在本书中会以"某资深 VC 合伙人"的形式呈现。向这两位贡献宝贵经验的投资人诚挚致敬。

# 周期：换种方式
## 来界定企业的状态

02

我们经常在商业新闻报道上看到"这是一家专门投天使轮的机构""这位投资人主要在看 B 轮左右的项目"的描述。没错，我们可以按照不同的投资阶段，将股权投资行为划分为天使轮投资、A 轮投资、B 轮投资，等等。

不同投资阶段对应的公司的发展情况，你可能已经略知一二了：在天使轮阶段，通常是一个创业者站出来说自己有一个新想法，或是持有一种新技术，但尚未得到市场验证。我们总开玩笑说，这个时候只有"3F"——朋友（Friend）、家人（Family）和傻子（Fool）——愿意站出来支持创业者。能够走到 A 轮的公司，它研发的产品通常已经有原型了，团队也小有规模。B 轮左右的公司，它不仅可以持续产出产品，也在相应的市场找到了客户。到 C 轮的话，公司一般确立了商业模式，并开始进行复制和扩张……

但说到这里，我想给你举两个极端的例子，它们可能会打破上面提到的这种投资阶段对应公司发展情况的惯常认知。

二手车交易服务平台瓜子二手车在 A 轮的交易金额就超过 2.5 亿美元，比很多公司 B 轮、甚至 C 轮融到的钱都要多。理论上它还是一个处在 A 轮的项目，但是，很多 A 轮公司体现出来的特征就不能套用在瓜子二手车上面了。

同样的，提供在线预订民宿酒店的 Airbnb，截至 2020 年 4 月已经融资 16 轮了。在它承压上市之前，Airbnb 的发展状态其实很难与某个具体的轮次对位。

由于公司发展状态的独特性，从公司所处的融资阶段去判断它的发展情况，其实没有特别大的参考价值[1]。那么，还有没有什么方式可以界定公司当前的状态呢？

有。很多投资人还会结合企业生命周期的几个不同阶段来判断，它们分别是早期、快速成长期和成熟期[2]。界定一家公司处于哪个阶段，通常会采取一种与宏观经济环境做对比的方法。

---

1　融资的轮次没有太大的参考价值，但你还是可以参考上一轮的估值和交易金额，判断公司当前的价值。

2　投资早期企业的被称为风险投资（Venture Capital, VC），投资快速成长期企业的被称为增长资本（Growth Capital, GC），而投资成熟期企业的则是狭义的私募股权（Private Equity, PE）。在中国，我们一般把增长资本也归拢到风险投资的范畴。换句话说，风险投资针对的主要是早期和快速成长期的公司。

　　成长股投资策略之父菲利普·费雪（Philip Fisher）曾说，投资目标应该处于持续成长中，增长率应该高于整体经济。没错，宏观经济环境的变化和企业增长有很强的关联性，即便在我们讨论的风险投资领域也是这个道理。具体来说，如果当年中国 GDP 的增长率在 6%，早期以及成长期企业的增长速度必须要是 GDP 增速的 4 倍以上。比如，2015 年左右的在线教育行业，很多公司的增长能达到 100%，说明这一类的公司当时就处于快速成长的状态。反之，如果一家公司的增速稳定在 10% 左右，理论上它已经进入相对成熟的状态，也很难被纳入风险投资的范畴了。

　　对于不同成长状态的公司，投资人的投资策略也不尽相同。并且，大部分机构也都有自己偏好的投资阶段。了解这一点能帮助你更有针对性地打磨投资技能，找到投资阶段对口的机构。

－ 王冠珠 －

# 工作：投资其实是一个复杂的系统工程

**03**

简单说，风险投资人的工作就是把资金投给处于早期或者成长期的公司，换取股权，在公司发展至一定阶段后"退出"[1]，赚取收益。

这样来看，这份工作实质上不就是低买高卖吗？看重公司潜在的价值成长，在公司估值低于其实际价值时买入，未来再以高于其实际价值的估值卖出。

但风险投资的逻辑远没有这么简单，它的背后是一个复杂的系统工程。甄别公司和创始人的品质，计算估值，准确把握买卖时机，等等，这些都是投资人做出投资决策前需要完成的，而且每一件事情都不容易。

识别公司的品质为什么复杂？很多创业公司找到投资人的时候，只有一个粗糙得像单细胞生物的产品。你要在信息

---

1 投资人有多种退出的方式，比如通过 IPO，也就是公司首次将它的股份向公众出售时退出；通过后续轮次融资退出，也就是把股份转让给下一轮的投资人。除此之外，并购、清算等也属于退出的形式。

极其有限的情况下，对其行业未来的成长空间，对其潜在用户的需求做出判断。当然，这些判断还要跑在市场普遍认知形成之前。

识别创始人的品质为什么复杂？创业需要考察创始人多方面的能力，比如，能不能把握行业未来的发展趋势，能不能开放地向同行、团队成员取经，能不能持续把优秀人才招至麾下，等等。你需要在相对有限的沟通中评判创始人的综合实力。毕竟，不管上述哪一个维度没做好，都会影响公司后期的运营管理。

计算估值为什么复杂？早期投资项目的估值存在很大的弹性，较难有规则可循。如果是一家处在新兴行业的初创公司，或企业采用了一种新商业模式，就很难在市场上找到合适的对比公司去估值，即投资中的相对估值法（Relative Valuation Approach）很难适用。如果公司未来现金流较难准确预测的话，绝对估值法（Absolute Valuation Approach）中的现金流折现模型也就难以适用了。

把握买卖时机为什么复杂？我们常说，一个好公司不一定是好投资。即便是再好的公司，你进早了还是容易成为"先烈"，进晚了则有可能失去创造超额收益的机会。什么时候"下注"，是一道需要综合产品、需求、业务模式、团队等诸多因素判断的考题。

　　上述有关风险投资工作内容的细节，我们会在第二部分"新手上路"和第三部分"进阶通道"展开讨论。之所以让它们先在"行业地图"部分亮相，是因为我想告诉你：风险投资人日常的工作并不是"低买高卖"那么容易。这个多变量，且变量权重经常发生变化的系统工程，需要风险投资人先于他人把公司和创始人品质、估值、买卖时机给琢磨明白。换句话说，投资人很大程度上挣的是认知的钱。

－某资深 VC 投资人－

# 前景：不是投资机会少，
## 　　而是你经历的周期不够长

## 04

如果你没有被风险投资相对复杂的工作界面给吓跑，还是考虑入行的话，我想，这一行的发展前景是你会持续关注的。

你可能会发现，眼下的财经新闻里有不少声音在质疑，风险投资本身的商业模式是否长期有效。因为，由技术平台变化（像是 PC 互联网、移动互联网）带来的巨大的投资机会所剩不多。未来，别说投出 BAT（百度、阿里、腾讯）了，就是投出 TMD（今日头条、美团、滴滴）的可能性也微乎其微。甚至有人认为，既然巨大的技术变革已经消失，风险投资这一行也没有存在的必要了。

果真如此吗？当然不是。

事实上，每隔一段时间，就有人说风险投资不行了。比如 2008 年经济危机时，很多人认为风险投资难以为继，但正如你看到的，2011 年开始爆发出了海量的移动互联网投资机会。2012 年 IPO 关闸（公司没法上市了）的时候，又有一波人觉得这份工作做不下去了，但 2013 年涌现的 O2O、互联网金融等项目很快又让这一断言不攻自破。

要了解风险投资的机遇和前景，你不能只看眼前，而要在更长的时间周期里去观察。

当你在更长的时间周期里观察风险投资机会时，会发现这一行总有"寒冬期"和"一片火热"的时候。借用红酒的概念来说，既有特别好的年份（Vintage），也有萧索年份。不是说非得在萧索的年份抓住巨大的投资机会，这就好像硬要用 1985 年出产的葡萄去做 1982 年的拉菲一样，没道理，也不可能。

但萧索年份有萧索年份的生存法则。你可以做更加深度的用户挖掘，把眼光聚焦到那些成长速度没那么快，但可能带来长期价值的项目上。这几年，越来越多做 toC 投资的投资人转型做 toB，即投资面向企业端的产品及服务，就是一条转型道路。同时，你也可以预先做好能力、金钱、人脉的累积，等待下一个好年份的出现。

我们之所以会有"This time is different"（这次可不一样了）的焦虑和恐惧，很大程度上是因为自身经历的行业周期太短，无法看清风险投资的全貌。当你从一个更长的行业周期出发观察思考，就会发现机会很可能在远方"伺机而动"。

－ 王冠珠 －

# 天梯：投资人的升职建立在日常工作的信誉上

05

每个职业都会有自己的职级体系，投资人也不例外。

通常来说，投资机构参考金融界常用的 MD 职级体系，设置有初级、中级、高级三类，如图 1-1 所示。

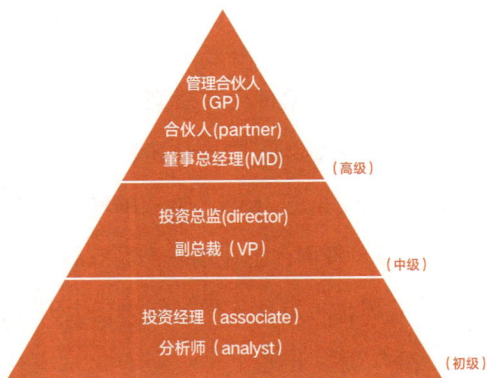

管理合伙人（GP）
合伙人（partner）
董事总经理（MD）〔高级〕

投资总监（director）
副总裁（VP）〔中级〕

投资经理（associate）
分析师（analyst）〔初级〕

图 1-1　投资行业的职级体系

需要特别说明的是，职级体系并不是一成不变的，它会因为投资机构的规模、主要关注的投资轮次等组织内部结构要素的差异而变化。比如说，很多专注于成长期企业投资的机构内部不会设置分析师这类的岗位，规模较小的投资团队则主要以合伙人为主。

当然，大家更加关注的，是如何在职级路上"打怪升级"。

你可能很熟悉大型互联网公司，像是阿里巴巴设置的管理梯队和专业梯队（分别从 M1 和 P1 开始，以 M1、M2、M3 和 P1、P2、P3 的形式往上升级）。但我们讨论的投资机构的天梯和大企业的晋升机制非常不一样。风险投资工作本身的非标准性、不确定性和复杂性，决定了它不可能对每一职级都做出精确的区分。也就是说，在"杀"往投资机构高级职级的这条路上，并不会设置什么明确的关卡，通常也不会对你提出"一定要达成某项指标"的硬性要求。

一般来说，助力一名投资人实现职级跃迁的，是他在工作过程中不断积累的信誉（Credibility）。

具体而言，初级职级的投资人一般会先接触行业研究的工作——合伙人说想看看食品消费赛道，新人就需要把这个行业里的 10—20 家公司研究一遍，或是以中美对比研究的方式去调研行业发展情况。新人如果可以在行业研究中提取出一些合伙人、创业者没有注意到的观察视角，就能获得一部分继续推进项目的信誉。2011 年移动互联网的创业大潮中，不少年轻的投资经理先于行业前辈把握了移动互联网的底层认知，成功开启了上升通道。

在此之上，中级职级的投资人如果"有幸"摸到了行业内某个明星项目；或者反过来，他主导的某个项目"不幸"被投资决策委员会[1]枪毙，事后却被验证发展得很不错（后一种情况更加常见），都能增加他的信誉，将他送至更高的职级。

你当然可以举起老板递过来的猎枪，帮他打几匹野鹿回来。但别忘了，你也可以去开辟新的狩猎场，甚至探索新的狩猎方式。如果你能将接受合伙人委派任务的状态尽快调整为自己来主导这个研究、自己来负责这个领域的状态，就能显著增强自己跃迁职级的信誉。

— 李剑威 —

---

[1] 这是投资机构内部决策流程中重要的一环，我们会在第一部分"机制"小节展开讨论。

# 风格：风险投资可能不是一门艺术

**06**

我们再来看这一行从业人员普遍的工作风格。

你可能会在财经媒体上看到，当一些投资大佬被问及怎样能投出一些带来巨额回报的项目时，这些高手经常给出的答复是："商业模式成熟了，独角兽自然会长出来""我看对了某个创始人"，总给人以一种投资工作只可意会不可言传的感觉。

这样的回答会让人误以为投资是一门艺术，投对靠的是艺术般的投资感悟。但我要告诉你的是，风险投资从来不只是一门艺术，也不是拥有慧眼识珠般天赋的人才能从事的职业。绝大多数情况下，风险投资是一种高纪律性、重复性的工作。

给你看一位投资经理的工作日志：

表 1-1　投资人典型的工作计划表

| 上午 10：30—11：30 | 项目约见，聊项目情况、创始团队情况和融资想法 |
| --- | --- |
| 下午 13：30—14：30 | 行业小组例会，看上一周细分行业发生的投融资事例 |
| 下午 15：00—16：00 | 找细分领域的技术专家做电话采访 |
| 晚上 20：00—21：00 | 评估合伙人推过来的商业计划书（Business Plan） |

　　由此你会意识到，多数投资人的日常就是像这样聊项目、做研究，非常讲究"纪律性"，也离艺术很远。

　　好的投资人都是通过长期做研究、看项目、见创始团队，逐渐锻炼出来的。虽然投资能否成功取决于很多不可控的因素，但我们不能将风险投资看成一门艺术。富有"纪律性"地聊项目、做研究，才是投资人真正的工作风格。

－ 王冠珠 －

# 机制：投资决策有赖于 一套"特殊机制"

## 07

从个人层面讲，投资从来不是只可意会不可言传的艺术，它需要投资人富有纪律性地聊项目、做研究。而从机构层面讲，它同样要求投资机构结合自己的实际情况，设计一套投资决策流程，纪律性地做出投资决策。

在机构的投资决策流程里面有一个非常重要的环节：机构有意向投资的所有项目都要在投资决策委员会（Investment Committee，简称投决会）上讨论。投决会，顾名思义，就是机构内部决策投资事项以及退出事项的议事机构。

因为投资决策流程要按照机构本身的情况设计，作为流程中重要环节的投决会也会因投资机构本身情况的变化而变化。若正向列举投决会可能有的形态，在有限篇幅里我们很难去穷尽。这一小节我想试着反向从投决会常见的三大误区出发，带你更好地认知机构层面的决策机制。

第一个误区是关于投决会的参会人员。大家通常认为，参会人员肯定是掌握项目生杀大权的那些高级职级的投资人。但实际上，在有些投决会上，参会人员的背景比较多样化：

除了管理合伙人、合伙人，还有对决策项目所在赛道比较熟悉的初、中级职级的投资人。投决会不是各方势力博弈的场所，机构筛选参会人员通常会以人员的专业程度，而非仅以身份作为导向。

第二个误区是关于投决会的流程。我们很多人误以为它是一场"表演性质"的表决会，但实际情况并非如此。在一个内部沟通渠道比较畅通的机构，投资人与合伙人会持续沟通项目——从项目的初步调研、与合伙人一起明确关注点，再到完成尽职调查、形成书面文件，这些环节也应该纳入投决会的流程中去。也就是说，这是一场不断深入分析项目价值的会议。我们不应该因为投决会表面上的结果导向色彩，而忽视其中反复沟通研究的过程。

第三个误区是关于投决会上一些常见的现象。刚才提到，投决会就投资决策［包括投与不投，以及投多少，像是单笔投资在这期基金总资产中的占比（通常在 5%—10% 之间），以及单笔投资股份在被投公司总股本中的占比（通常在 10%—20% 之间）等问题］作出讨论。项目的价值和价格判断理应是会议最重要的讨论事项。但参会人员有时候也可能会出现"本末倒置"的情况，就着尽调报告上的一些小问题穷追猛打，使得整场会议的焦点无法落在价值和价格判断上面。投决会实则需要参会人员全面地看待问题，对项目形成一个综合判断。

通过这些认知误区，我想你就投决会讨论要点、决策流程和参与者都有了初步的了解。投资机构内部正是通过这套机制来评估投资的风险，并提高交易审查的客观性。

– 于红 –

通过图 1-2，我们可以了解到投资机构从项目资料收集到完成投资意向协议签订的流程。

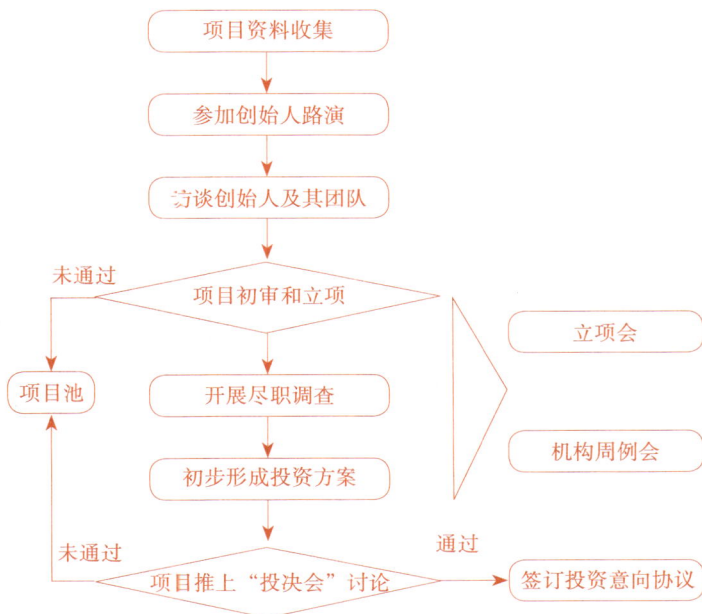

图 1-2　投资机构决策流程

苏世民（Stephen Schwarzman）在《我的经验与教训》一书中也介绍了投资机构黑石集团（Blackstone Group）内部反复迭代而成的投资决策流程。我们做了摘录，供你参考：

· 不让某个人总揽一切、独自批准协议；

· 所有高级合伙人必须参与投资讨论，运用集体的智慧来评估投资的风险；

· 任何提案都必须以书面备忘录的形式提交，并至少提前两天提供给参会人员；

· 除非有重大的后续发展，否则不得在会议上对备忘录进行任何补充；

· 要把讨论重点放在潜在投资机会的缺点上，每个人都必须找到尚未解决的问题。

## 薪酬：高于多数行业，
## 　　　但可能比你预想的要少

　　风险投资是一个离钱很近的行业。我们在媒体上看到的投资人，经常谈论着几亿美元的估值，围绕着明星创始团队工作。你可能会认为，从事这一职业的人会很赚钱吧？

　　其实不尽然。我们来看看清科研究中心和智联招聘统计的私募股权投资行业的基本工资水平，约为税前16千/月。当然，因为投资机构内部有前台、中台、后台的区分，前台部门从业人员，也是我们定义的投资人的薪酬，要高于中后台从业人员，因此会比16千/月的平均工资水平更高一些。除此之外，由于头部机构的强马太效应，能够获得更多的项目、更高的收益，头部机构从业人员的薪酬也要远高于行业平均水平。

　　以行业平均水平的薪酬来看：和其他职业相比，16千/月还算是体面的报酬。但就投资人而言，这个数字是不是让你有些失望？别急，我们再看风险投资从业人员的工资是怎么来的。

风险投资机构发放的薪酬通常来自受托管理出资人（Limited Partner，LP）资金产生的管理费。这笔费用一般每年按 2% 的比例收取，用于投资机构日常运营。举个例子，一支资产管理规模为 2 亿人民币的基金，每年可以收取 400 万的管理费。这部分管理费在扣除掉日常办公场地租赁和差旅费用等以后，就是落在机构内部每一位工作人员上的薪资。可以想见，在基金的资产管理规模较小的情况下，机构发放给职员的报酬自然不会特别高。

但一家投资机构也不太可能光靠管理费运作。没错，在管理费之外，投资人如果能为 LP 带来不错的回报，就可以分享 LP 投资收益的 20%—25%。我们通常把这笔收益叫作 Carry（也叫 Carried Interest，业绩报酬）。

只是，业绩报酬一般要等到基金投资的公司退出清算 / 基金到期时才能拿到。而被投公司退出 / 基金到期的周期中位数在 6—7 年左右。期间，你在一家投资机构入职，若想分到 Carry，也要等上 5、6 年的时间。这也是调研发现仅有 19.5% 的从业人员实际获得了项目投资分成 [1] 的原因所在。

---

1　根据《中国 VC/PE 机构薪酬与运营机制调研报告》（2018 年）：43.8% 的外资机构从业人员在当年获得了分成收益，国有机构从业人员在当年获得项目分成收益的比例为 9.8%。

值得注意的是，我国主流的基金里面主要有两种分配 Carry 的方式：一种按基金内部不同项目的表现分配（Deal Carry），一种则是按基金整体的收益分配（Fund Carry）。具体来说，现在有一支资产管理规模为 9 亿美元的基金，第一种分配方式相当于按投资人单笔投资，比如投资一个 4000 万美元项目未来可能产生的收益计算 Carry。第二种分配方式则要等到整个基金实现收益以后再去分配每位投资人的收益。由于不同项目的退出时间会有一些差异，这两种分配模式下投资人拿到 Carry 的时间也会有较大区别。

看到这里，你应该已经认识到，风险投资取得回报没有想象得那么容易。诚然，这份工作能带给你优于普通人的薪酬。只是，若想拿到超额的业绩报酬，你需要凭借卓越的项目研究、找人识人和趋势预判的能力，为 LP 带来理想回报，并在这一家机构里待足够长的时间。

– 于红 –

采取第一种还是第二种分配 Carry 的方式，主要和投资机构的文化有关。推行第一种分配方式的机构倾向于赛马机制，用更高的 Carry 激发优秀投资人的潜能。推行第二种分配方式的机构在激励机制方面的作用要弱于前者，但却能在机构内部形成一股合力去把一支基金做好。

# 挑战：会失控，也会"反人性"

我们平常工作都会遇到一些难题，比如，想不出好的创意，遇到了棘手的难题，团队之间的配合出了问题，等等。但风险投资人在工作中面临的挑战和通常我们熟悉的职业有所不同。下面就以互联网公司的运营为参照，来对比看看风险投资工作的特殊挑战。

第一，如果你在互联网公司做运营，通常会有很多团队作业。但是，绝大多数的风险投资人都是要"单打独斗"的。即便机构内部设有几个行业小组，一般也就是"合伙人＋分析师"的小团队。而且，当分析师成长为投资经理以后，小团队也要逐渐剥离开来工作，这样机构可以在同一时间里看更多的创业项目。如果你尚未习惯独立思考行事，风险投资这行对你来说就非常有挑战性了。

第二，互联网公司的运营工作可控性比较强，上级交代的大部分任务会在你的能力圈内。风险投资却不然。这首先是因为，投资人很少会参与到被投企业日常的运营当中，对企业的掌控力是很有限的。其次，当投资机构希望关注一个新赛道时，投资人常常要做一些自己能力圈以外的研究工作。新人对日常工作没有那么强的主动权，失控感也是你在入行后需要面对的挑战之一。

第三，互联网公司日常的运营工作，像是策划一款产品上线的方案、调研用户习惯等，可以较快得到市场反馈。投资人平日里却很难接收到像这样小额、多频次的刺激。相反，投资一个项目，它有可能为投资人带来巨额的回报；只是，这份回报肯定是严重滞后的。这和我们的预期相悖——就像斯坦福大学组织的棉花糖实验中，很多孩子倾向于立即得到糖果奖励，而不是等待一段时间以后获得更多的奖励——风险投资工作带来的"延迟且不一定实现的满足"显然有违人的天性，这也是风险投资人需要面对的挑战。

和一份你相对熟悉的工作对照，你会发现：风险投资人不仅要把一个人活成一支队伍，还要直面工作中的失控感以及反人性的部分。面对这几大挑战，入行前你需要做好一定的心理准备。

－ 于红 －

第二部分

# 新手上路

# ◎入行

在西方岛区，人们常用近似海水的绿色油漆漆船，保养船只。一些入行不久的油漆工因为技艺生疏，常会粘得满手都是绿漆。英语俗语 Green Hand（新手），就是这么来的。

在职场，通常我们觉得新手没能完成任务，说错几句话无可厚非。但从新人自身的角度讲——你肯定不希望自己手上的绿油漆蹭在别人身上吧。

在"新手上路"部分，我们整理了新人经常感到疑惑的，与就业门槛、专业适配度以及职业发展平台相关的问题，并将风险投资的日常工作按项目研究、找人识人的维度做了拆解。

上述抽丝剥茧的动作，旨在折叠你入行后的学习时间，以更快的速度跑出新手期。

正式进入这行前，你可以通过以下几个角度，看看自己和风险投资的"适配度"。

## 门槛：风投界的新人
## 里鲜少有应届生

01

多数行业的新人，都是刚从学校毕业的学生。但在投资界，情况却不是这样。

我们来看看在风投机构的初级岗位工作的人：他们有的刚拿下 MBA 学位，有的已经在创业公司工作了一段时间，也有的在投行接受过基本的财务训练。在这些投资新人当中，鲜少有应届生。

为什么会出现这种情况呢？首先，投资本身不是劳动力密集型的行业。多数机构每年的人才缺口不大——一般是老人离开需要新人填补，或是某个行业出现新机会，得有看得懂项目的人入伙——海量"捕捞"人才的校招环节，对很多投资机构而言并不成立。

其次，投资是一项非常综合的业务。正如我们将在后文介绍的：投资人要先人一步看清公司真正的价值；具备行业研究能力，财务、法务等专业知识是不言而喻的。投资机构并不打算将人招进来以后慢慢培养。更多时候，它要求新人在进来之前就把基本功练好。打个不那么恰当的比方：投资这座庙堂，地基要打四根桩；很多机构对"新人"的期待则是入行前先打完两根半的桩，有个好底子在。在没打半根桩的情况下误打误撞地进来，新人会很痛苦，机构也是。

更进一步说，投资还是一件"近人"的事儿，和出资人打交道不说，单是选中行业内最适切的创始人，就非常考验你找人识人的能力。老话讲"世事洞明皆学问，人情练达即文章"，但我们在学校接受的教育以知识输入为主，鲜少涉及对人性的理解。因此，没有在实际的工作中与不同的人广泛交往，不懂得如何找人识人的应届生很难在投资机构里生存下来。

如果你有志于成为投资人，可以先在相关的职业磨炼好基本功，保持尽可能广的社交接触面，再来敲这一行的门。

－某资深 VC 投资人－

当然，关于应届生进不了投资机构这件事也没那么绝对。接受我们采访的投资人就分享了身边的特例：有一名应届生给基金的几位合伙人分别写了邮件，表示非常想试试分析师的工作。合伙人们见完觉得还不错，这位应届生经过半年的培育和试用以后被正式录用了。

此外，一些企业的战略投资部门（我们会在"平台"这一小节展开介绍）对应届生持有较大善意，设置有校招通道。只是，通过校招进入风险投资行业的样本数量依旧很少。

# 专业：风险投资人并不都是
## 金融背景出身

## 02

我们都知道，风险投资属于资产管理行业。那是不是意味着，这一行的从业人员都具备相关学科背景，都是从经济、金融、财务、工商管理等专业出来的精英呢？

并不是。风险投资人的专业背景要远比你以为的经济、金融丰富得多。比如，红杉资本（Sequoia Capital）合伙人迈克尔·莫里茨（Michael Moritz）在进入风投界之前，曾是《时代》杂志的商业记者。这位投出谷歌、领英等明星项目的风投人在大学研读的专业是历史，和金融并无关系。

另一位投资高手托马斯·铂金斯（Thomas Perkins），他在创建世界最大的风险投资机构之一凯鹏华盈（Kleiner Perkins）之前，曾是惠普公司的工程师。也正是这位"未来"的风险投资人将惠普带入了 PC 市场。

和莫里茨、铂金斯一样，很多投资人拥有不同的专业背景，经常在其他行业经过一阵"摸爬滚打"，才开启以"风险投资"为志业的新旅程。

反过来说，为什么学财务、金融等相关专业的人在风险投资从业人员（特别是早期投资）中的占比不高呢？

我觉得有这样一个原因：风险投资最关键的能力，是通过研究判断一个项目的优劣。财务、金融这些科班手艺——根据财务报表评估可投性，参考经济模型估算未来走势等——在评估早期公司孰优孰劣这件事上并没有太大的帮助。在风险投资的范畴中，越是早期的公司，能够参考的财务数据就越少。反之，那些有工程师／产品经理背景的投资人对技术和产品的认知能力，以及那些有商业记者背景的投资人在创业圈里的社交能力等，在判断这些项目时会更有帮助。

有志于从事风险投资的你完全没有必要为自己不是金融科班出身而踟蹰。只要你有优秀的研究和判断能力，无论学什么专业，都有机会进入这个行业。

－ 王冠珠 －

# 平台：区分财务投资人
# 和战略投资人

03

我们一般认为，风险投资人就职于各大投资公司。但做风险投资这块业务的，可不只有这些投资公司。

要了解其他做风险投资的群体，我们先要清楚的一点是风险投资行业的从业人员里有财务投资人与战略投资人的区分。在私募股权基金工作的，大部分是财务投资人。除此之外，还有一类被称为战略投资人的人群在其他类型的机构工作。

你肯定听说过腾讯、阿里等公司宏大的投资版图。没错，战略投资人主要是这部分在 BAT 等非金融企业的投资部门，抑或独立出来的投资公司工作的投资人。战略投资人不以"给出资人，也就是母公司带来收益回报最大化"为唯一目标。他们主要围绕母公司的战略进行投资布局，以创业创新的力量反哺母公司发展，巩固其市场地位。

比如，腾讯主营的文娱游戏业务是他们投资团队的重中之重，阿里巴巴战投的关注点则更偏向消费和电商，百度的风投部门则致力于覆盖全球初创期到成长期的人工智能项目，以补足百度业务扩展时可能带来的技术研发能力的不足。可以看到，这几家公司战略投资人的投资策略和他们公司自身的战略布局有很大的关联。

再来看财务投资人。财务投资人无法背靠一家非金融企业进行投资。他们首先需要向几位出资人，也就是我们在前文提到的 LP 募集款项，成立一支基金，并在资金存放期限内通过股权投资为 LP 带来理想的回报。我们一般认为，增值，是财务投资人的主要诉求。

需要补充说明的是，因为每位 LP 对投资阶段和周期的兴趣都不大一样，财务投资人需要预先与 LP 约定好一些条件。比如，答应 LP 这支基金主要做成长期投资以后，天使轮的项目就不在投资人的射程范围内了。再比如，答应 LP 基金周期为 5 年，投资人一般也不会去关注那些成长周期特别长的项目了。相较于战略投资人，财务投资人需要提前考虑到这部分约束条件。

认识到这两类投资人的区分以后，你就可以进一步结合自己的偏好——是对某家公司主要的战投方向特别感兴趣，还是想先综合地看更多项目、结识更多的创始人；是想争取（在有限合伙人体制下）拿 Carry 的机会，还是更倾向战投部相对稳定的薪酬——来选择机构。

－ 王冠珠 －

王冠珠建议，在风险投资基金或企业的战投部门找工作的时候，你要把目光聚焦在头部机构上。投资人的职业成长路径并不像一些其他行业，可以通过跳机构的方式实现，也就是"从一家名不见经传的小机构到小有名声的机构，再到业内顶尖机构"。风险投资行业的投资端以及募资端有显著的顶端优势，这意味着在顶端机构内部就有足够多的项目机会，以及足够大的发展空间助你成长。有机会的话，你还是要先看先尝试业内这些顶尖的平台。关于这些平台，我们在第六部分"行业清单"有列举和介绍。

此外，你还可以把目光放在那些规模可能没有顶尖机构那么大，但在细分领域下投得非常好的机构上，看它们与你自己关注的领域是否有重叠。

# ◎项目研究

投资人在做项目研究时有很多"道可道，非常道"的从业经验。这部分隐性知识（Tacit Knowledge）很难完整而准确地传达给读者。这一小节，我们尝试搭建风险投资项目研究的框架，并整理出了投资一线从业人员在反复验证与迭代中获取的行业研究心法。

需要特别说明的是，这一部分提到的行业、公司、团队、创始人，不同的人可能有不同的看法，我们在这里重点展示的是，投资人看项目时的推演过程和研究方法。

先来看一则提示。

# 拥抱变化：研究方法没法一招鲜吃遍天

## 04

在讲项目研究的基础框架和方法前，有一点必须提醒的是：这些方法并不能让你一招鲜吃遍天。如果你抱着拿到方法可以一劳永逸的想法，可能会失望了。因为，不同行业、处于不同轮次的项目都有自己的一套观察视角，侧重点也各有不同。

我自己也是结合过往投资经验意识到这点的。我曾投过一个 B 轮的项目，自认为对它的产品需求、商业模式等了然于心。之后我做顺势投资（Follow-on Investment），考虑下一轮要不要加码的时候，却发现自己原先的研究方法在这家快速成长的公司身上不再适用了。而当我从 B 轮出发，向前覆盖一些更偏向早期投资的项目时，原先我搭建的行业研究框架同样需要做出调整。

**方法如果没有边界，就经不起考验。** 在做投资的时候，你要有意识地去积累针对不同行业、不同轮次的项目的研究方法。

我拿几个处于不同轮次的项目给你举例：对于很多早期公司而言，风险投资人主要看的是市场需求，即用户有多喜欢这家公司的产品。而像我们在下文提到的壁垒研究，在这阶段无须花费过多时间精力考虑。因为，即便一家公司在发展过程中无法建立起壁垒，到 3 亿美金的估值就长不起来了，你只要进入得足够早，进入的时候买得足够便宜，就还有机会把它卖掉获利。

成长期公司面临更多的竞合选择。成长期投资人除了验证产品需求的满足情况外，还要将眼光放在行业的竞争格局上，看公司如何建立起"我有人没有的"壁垒。并且，因为公司在快速成长时期积累了销售以及运营数据，你还需要结合这部分数据，计算公司的单位经济效益，即在当前的运营模式下公司有没有可能赚到钱。

至于运营相对成熟的企业，它的商业模式已经非常清晰了。投资人一方面会加大对于公司商业模式的分析计算，一方面还会预判行业终局，思考自己的投资行为能否整合资源，提升行业效率。

你看，研究处于不同周期的公司就有这么多种切入角度。具体讨论方法之前，你需要摆正的一点心态是：研究项目没法就靠一招制胜，你需要更加灵活地选取方法研究项目。

– 于红 –

虽说不同项目侧重的研究方法有所差异，下文我们仍将尝试以项目研究逻辑上的先后顺序，有选择地对这些方法做一遍梳理（如图 2-1 所示）。我们先来把这些方法简单捋一遍，看看这些方法的目的为何。

首先是一招能够跑赢时间的方法，如何选择你的投资赛道。

**选择赛道**
项目的有效筛选

**调研需求**
项目能否找到用户

**找到差异**
项目能否跑过行业领头羊

**感知环境**
项目的外部作用力有哪些

**分析效益**
项目的盈利模式是否成立

**计算规模**
项目成长的天花板有多高

**判断壁垒**
项目在竞争中能否胜出

**预测终局**
项目在行业走向终局时扮演了什么角色

**提前风控**
项目可能存在的风险点有哪些

图 2-1　项目研究方法一览

# 选择赛道：找准细分市场
# 远比盲找项目来得重要

## 05

很多急于"建功立业"的投资人会不加区分地约见创始人，分析团队与产品，在海量数字和信息中找寻合适的标的。而在做这些投资的标准动作之前，我认为至关重要的步骤是选好行业赛道。

注意，我说的选行业，不仅仅是行业大类，还包括其中慢慢分化出来的小类。举个例子，作为投资人，你可以一辈子都看消费行业，但在它之下的品牌／品类、线上／线下等小类的分化也是你应该厘清的。在大家都看消费这一大类的情况下，如果你选错了小类，比如说 2015 年之后还在看消费类的应用程序，那么就算你约见再多的创始人，做再多的团队和竞品分析，也很难投出好项目。

如何在行业里面选择细分行业呢？我觉得（选择细分行业的）整个过程，就像是从理论物理的研究迁移至实践物理。你先基于经验与直觉做一些与行业大类相关的假设，这个假设可能就是一两句话——比如，在线教育不错，应该关注一下。有了假设之后，你要通过多方渠道去找支持这一假设的证据（Supporting Evidence），同时设计行业大类的投资图谱。只有找到足够的证据，表明假设成立，才可以在图谱内进行投资实践。

为了印证"在线教育不错"这个假设，我曾拉了一张在线教育投资图谱：横轴为客群年龄，分为 0—3 岁母婴阶段，3—6 岁学前阶段，6—18 岁中小学阶段等。纵轴为业务形态，分别为教学、辅导、练习。发现没有："找准"横纵轴对应的人群和业务形态以后，你就可以计算出每个细分年龄段的人群有多大，以及分析每个人群对应的主要问题是什么，进而找到最适合切入的行业小类。

具体来说，中小学年龄层的客群数量经计算是最大的，我先在横轴上锁定这一用户群体，再结合外部信息分析纵轴对应的三类业务形态，哪一类才是人群的刚需。首先排除的是教学——绝大部分的教学已经在体制内完成了，学生并不需要额外的教学。"烟幕弹选项"是辅导——看似很容易变现，但需要学生、老师甚至家长的三方协作，极大地增加了产品研发和推广的难度。实际上，练习是最有可能成为一款通用型产品的。首先，它的参与方通常只有学生，无须复杂的多方协作；其次，用户搜索练习题产生的大量数据对于产品迭代有非常高的价值，用户在平台消费的同时也在反哺平台的成长。

在我设计完投资图谱以后，在线教育这个行业大类就一点点收敛至以练习为驱动，面向中小学生的行业小类了。接下来我需要看在这个小类里，目前有哪些有潜力的公司。这时范围就小了很多，可能只有几家。紧接着就是收集这些公司的资料，见创始人团队，做综合评估的工作。

完成从大到小的聚焦收缩后，我在 2016 年投资了当时日活用户数量（DAU）仅有 50 万的作业帮。4 年过后的 2020 年，这家公司快速完成了两次累计超过 15 亿美元的融资，书写了或许超出市场认知的增速故事。

可以看到，选好一个细化行业小类要远比脱离赛道盲找案源来得高效。而将眼光聚焦在对的公司上的能力，也是你在行业研究阶段需要反复验证和学习的。

－ 于红 －

# 调研需求：少数人的现有需求比较好切入

## 06

市场需求是早期投资者需要着重考量的一个角度，有市场需求的产品才能找到它的第一批用户。

为了让你更直观地了解市场需求，我设计了一个"人群和需求"匹配的模型（如图 2-2 所示）：

图 2-2　人群和需求之间的匹配

横轴从左到右分别代表"多数人"（相对大的市场）和"少数人"（相对小的市场）。大多数投资者是从市场"大和小"的维度来研究市场需求的。但这样的角度还不够全面。这里，我会引进一个新的维度——"新和旧"。

图中的纵轴就体现了这一维度。怎么理解自上而下分别代表的"现有/旧需求"和"新需求"呢？现有需求是已有现存解决方案的显性需求，比如打车就是属于现有需求，网约车的出现就是建立在现有需求之上的。而新需求是还没有解决方案、等待被激发的需求，一旦有模式创新就会被激发，比如以 POP MART 泡泡玛特为代表的潮玩的出现激发了消费者的新需求。

你可以看到，市场需求由"大和小""新和旧"这两组比较的维度，被划分成为四大象限。

第一象限，即右上部分，少数人、现有需求。也许最开始面对的是小众市场，但是他们有机会通过改善产品，逐步拓展到大多数人的市场（第二象限），获得商业上的巨大成功。这个演变不是必然发生的，甚至可能大多数情况下是不会发生的，因此需要创业者做非常多的努力才能实现。

第二象限，即左上部分，多数人、现有需求，其原生产品往往是那些由于技术革命所带来的新机会，比如外卖、在线教育。吃饭、接受教育，这些都是大多数人一直都有的需求。而技术变革带来了新的商业机会，使得像美团、作业帮这样解决多数人现有需求的公司涌现出来。

第三象限，即左下部分，多数人、新需求，其原生产品可能本身就是代表或者定义了技术革命，比如 iPhone 和 PC。

第四象限，即右下部分，少数人、新需求，其原生产品主要以品牌为代表，比如 POP MART 泡泡玛特、喜茶等，这些创新往往定义了一个新品类。

从图中你可以看到，这四个象限里都有比较成功的产品，但我在这里要提醒的一点是，少数人的现有需求可能是一块比较容易切入的领域。

以我投资的一家公司"玩物得志"为例。国风文化电商平台"玩物得志"覆盖了玉翠珠宝、木雕盘玩等八大品类的万款商品。买文玩的需求古已有之，人群小众且固定，是比较典型的"少数人的现有需求"。调研的时候，我发现了一个很有趣的现象：我妈妈那一辈人平日里非常节俭，给她买什么东西都摆摆手表示不要。唯独玉镯子——她很欣然地接受了。

但是，过去大部分文玩交易场景局限于古玩城、旅游景区、原产地等地，范围非常小，触达的人也比较有限。"玩物得志"通过品类线上化，消化了线下效率不高的存量市场，并通过高效的运营手段让少数人买文玩的需求慢慢演化为更多人群可消费的国风品类——我妈妈这样的中老年人（戴玉饰）、喜欢国风的年轻人（盘核桃和喝茶）——的需求。在用户"人群和需求"匹配模型中完成了从第一象限到第二象限的转变。

你也可以带上这个匹配模型，去看项目在满足市场需求的时候被纽分到了哪个象限。如果这个项目在一个"存活率"相对比较高的象限，也就是它满足了少数人的现有需求，你还要继续观察项目团队是不是有把专业品类泛化拓展至多数人市场的执行能力。这一部分，我们留到"识别创始人"的小节继续讨论。

－于红－

# 找到差异：选择带来结构性变化的解决方案

## 07

上一节我们提到了现有需求的概念，它指的是那些已有现存解决方案的显性需求。在调研了一些项目满足用户需求的情况以后，你会发现：绝大多数刚性的现有需求，像是衣食住行，早就被行业里的领头羊解决了，市面上很多创业者在做的其实是优化现有产品体验的工作。

所以，投资人经常要面对这样的问题：一家公司的创始人找到你，表示他可以提供比现有解决方案好上 10% 的新方案。比如，他手上的配方能生产比可口可乐更好喝一点儿的可乐，这种创业公司是好的投资标的吗？

答案是否定的。为什么这么说？来看一个公式，它可以解释优化现有产品体验的逻辑：

新产品体验＝现有产品体验＋优化的体验－用户转移成本－用户触达成本

在现有产品的优化上，用户转移成本和用户触达成本是行业领先者现有的资产。所以在计算新产品体验的时候要把这两项减去才行。其中，用户转移的成本非常高。特别是一些企业服务类型的公司，它们的产品里面存有客户的数据、工作流程、关系链。换用新产品相当于要重建数据和流程，费时又费劲。因此，客户群的路径依赖要比你想象得"严重"得多，优化 10% 的新产品对他们而言根本没有吸引力。

而投资人往往就会忽视这一点——现有产品的优化体验带来的增量被后两项成本所抵消，创业公司还是难赢过现有行业的领头羊。实际上，只有显著差异或者结构性变化的解决方案才是你应该找的投资标的，它要比现有解决方案好三五倍甚至十倍，能够带来质的变化。

至于能够产生质的变化的解决方案，我给你看两个典例。

一个例子是我投资组合里的公司酷家乐。这家公司做的是面向室内设计师的装修设计软件。过去，室内设计师将设计原型图渲染为效果图，经常需要花费几个小时，设计师和客户之间无法及时沟通。酷家乐创始团队研发的 ExaCloud 技术却能将渲染时间从几个小时缩短至 10 秒，客户跟设计师聊着天给提意见的时候，修改后的渲染图就出来了，客户的体验就非常好。因为单个客户沟通的时间缩短，成单效率得以提高。现在，已经有越来越多的室内设计师将工作阵地从建模软件 3ds max 转移到了酷家乐。这家公司进一步构建 BIM

（Building Information Modeling，建筑信息建模）的技术能力，实现所见即所得，涵盖家居、公装、房产等市场。

相似的例子，彼得·蒂尔（Peter Thiel）在《从0到1》这本书中也做了列举。PayPal（第三方支付服务商）投入使用之前，买家在 eBay 上购物需要先向卖家邮寄支票，到款周期在 7 天—10 天不等。而 PayPal 即拍即付的功能让付款时间从 10 天变成了几秒，这种上万倍的效率提升，带来了远超顾客预期的购物体验，PayPal 很快成为线上购物的主要支付方式。

在看那些对现有产品体验做出优化的新产品时，你要着重考核它是不是做到了 10 倍以上的优化。只有像酷家乐（在渲染速度方面），PayPal（在支付效率方面）这类带来重大变化的解决方案，才能抵消高昂的用户转移和触达成本，跑赢现有产品。

– 于红 –

# 感知环境：眼光要放到项目之外

## 08

看到那些带来全新产品体验的项目时，投资人一方面可以从项目是否能带来显著差异的角度考虑，另一方面则可以跳出项目本身，观察推动这个项目产生的外部环境。

之前没有人做成功，现在成了；是不是有一些变化的外部环境在起作用呢——10年前为什么没有自动给宠物喂粮的产品？它的出现和年轻人的小家庭化、不婚主义、相关技术发展趋于成熟有关联吗？

这只是我随手摘取的一个例子，但我们确实可以从几个不同的维度出发，理解外部环境变化对于投资的影响。

比如人口结构的变化。无论是老龄化，还是年轻人变得更加独立、小家庭化、丁克等，这些最基础的人口结构变化会催生新的产品和服务模式，对投资决策施以影响。我们在上文提到宠物自动喂食机的例子，就和人口结构变化有关。

比如消费观念的转变。大家更趋向于购买海外品牌还是国货，更关注产品的性价比还是精神格调，这些都属于消费观念的变化。在经济危机的环境下，消费者都想节约用钱的观念转变带来了共享经济的快速成长和爆发。Airbnb 和 Uber 就是在这一背景下成立的典型公司。

比如技术的进步。从互联网、移动互联网，到社交时代、视频时代，这些巨大的技术变迁带来了许多"投资风口"。特别值得关注的是技术变迁带来的微生态，比如，从移动互联网进入社交时代时，大部分在微信做电商的创业者沿用了手机淘宝的思维，而拼多多却和移动互联网的创业产品走出了本质的不同。

再比如政策的变化。政府推出的有关政策同样会引起市场的强烈波动。在 2018 年政府出台"医药带量采购政策"的背景下，多款中标药物价格降幅在 50% 以上，深刻影响了 A 股市场上医药公司的股价。一级市场的风险投资人在评估医药企业时也表现得更加慎重。

看完以上几个维度以后你可能会觉得，寻找创业项目和外部环境之间松散的关联，这种做法是不是太"务虚"了？回归项目本身，弄明白产品的逻辑，企业的获客成本、盈利模式，不应该更加重要吗？请你看接下来的这个事例：

如果你简单了解过医疗方向的投资，应该知道过去中国是一个以生产仿制药[1]为主的国家。与原研药厂比较，仿制药企会把更多资金投在销售，而非研发上。20 世纪 70 年代，年销售额曾达千亿的中药注射剂，就是一个营销催生出来的显例。

在这个例子里，如果你"务实"地把眼光放在中药注射剂的项目本身，发现它的销量大、利润率高、成长快速、还进了国家医保……肯定就开开心心地把钱给投进去。

但是，如果你能结合对外部环境的观察，注意到国家卫健委逐年减少药物在中国卫生支出中的比重，拉低仿制药药价，加速审批原研药的趋势，就不会轻率地做出投资的决定。

任何创业项目本质上都是时代的产物，无可避免地会与社会发展的大趋势产生碰撞和关联。你要把握住大的时代背景——上文提到的，国家拉低仿制药药价，增加原研药的研发投入是一个例子；由中国人口的年龄结构决定的小家庭化也是一个例子——它能帮助你更好地理解一个行业、一门生意和一家公司所处的位置以及它们发挥的作用。而这也是项目研究的一和外部视角。

－ 于红 －

---

1 仿制药一般指原研药专利到期后，疗效上和原研药一致，经批准上市的药品。

　　硅谷风投机构标杆资本（Benchmark Capital）的合伙人马特·考勒（Matt Cohler）曾说："我的工作不是预测未来，而是最早地感知当下（环境）。"同样地，投资人卓立伟曾说做投资决策时要"从最复杂的宏观经济，或者说更宏大的对社会的理解，逐级落到产业研究，落到企业的具体业务分析，再落到企业盈利能力与估值"。这些投资人都是从与项目相关的外部环境出发，一点一点落回至项目本身。

　　在中国，能够体现宏观经济运行情况的数据主要包括：

·国内生产总值（GDP）

·消费者物价指数（CPI）

·生产者物价水平（PPI）

·工业生产增加速度

·社会消费品零售总额

·固定资产投资

·财政货币利率

·研究与试验发展经费

　　……

投资人可以通过比较的方式——某个行业产生的经济效益占中国当年 GDP 的比重是多少，某个产业在中国的产能分布情况、它的产能总量在全球的占比是多少，等等，找到在宏观层面有相对优势的行业，从中发掘潜在的投资机会，进一步研究项目的盈利和增长模式。

# 分析效益：甄别项目的盈利模式

**09**

参考外部环境调研需求、找到差异点以后，我们已经发现了一些合适的投资标的。这个时候投资人要做一个验算的步骤，**看企业如何获取利润，利润是否可以覆盖成本。**

不光是风险投资，日常生活中我们也常常会这样做。比如，你想去趟日本屯些彩妆护肤品，出发前你是不是会打个小算盘，看看帮人代购的辛苦费（以及自己从找代购购买节省下来的钱）能否覆盖机票和酒店费用？

但是，很多初创企业对自己实现盈利的形式认识不清。有的创业者认为企业亏损只是暂时性的；因为有融资支持，他们更觉得烧钱不是个事儿。实际上，持续亏损很可能是因为企业的业务模式本身不成立，致使利润难以覆盖成本。

这就需要投资人找到企业的收入公式，写下能够体现企业收入和成本关系的那个最小运作单元（我们也把它叫作单位经济效益，Unit Eco），分析在怎样的情况下收入会大于成本。这些计算有助于你判断企业的业务模式未来能否持续具备竞争力。

比如，电商行业普遍的收入公式是：客单价 × 毛利率。理想状态是选择客单价和毛利率都尽量高的产品。当然，企业可以通过有效的销售策略——让本来只想买一件商品的用户同时买两件或者多件商品——去影响客单价。

找到收入公式后，再看电商每卖出一件商品（Unit）的收入（Revenue）和成本（Cost）关系，即它的单位经济效益。电商行业的单位经济效益等式为：

客单价 × 毛利率 > 每单仓储和配送成本 + 每单销售提成

你需要分析在怎样的情况下等式左边的收入能够大于右边的变动成本支出。比如说，摊薄费用，或者探讨是否有减少仓储成本的可能，等等。

而当收入大于变动成本支出，也就是这个等式成立时，投资人还需要考虑企业前期投入的获客成本。获客成本也是成本的一部分，因为它和单件商品的收入/成本关系不直接挂钩，并没有纳入上文的公式中。但是，如果企业为吸引用户在前期投入了极高的营销费用（并且用户之后很快流失了），即便单件商品能够实现盈利，也无法覆盖这部分支出。所以，研究企业在固定时间内实现的盈利是否可以抵消获客成本，同样是你在分析企业盈利模式时需要特别注意的步骤。

除此之外，我要特别提醒你的是：大部分初创公司的业务单一，收入公式也相对简单。我们在上述得到的收入／成本关系同样只是一个静态的结果。伴随企业的快速发展，往往需要拓展新的业务，形成更为复杂的产品矩阵。这时候，投资人还要分头寻找不同业务（甚至不同行业）的收入／成本关系，思考它们彼此之间应该如何组合变化才能真正实现盈利。

－王冠珠－

# 计算规模：记住 500 亿这个虚数，从上到下去推演

## 10

分析完单位经济效益，投资人还会把眼光落在这家公司所在的市场规模"够不够大"上面。市场规模是指一段时间内，一类服务或者产品在某一个范围内的市场销售额。市场规模足够大的话，可腾挪的空间就足够大，往后的融资过程也会相对容易。那么，一个公司所在的市场规模要有多大才算是理想的呢？

我先告诉你结论，然后我们自上而下（Top-down）做一遍推演。

我自己估算出来的数字是 500 亿人民币。这是个虚数，也许是 200、300 亿人民币，也许是 1000 亿人民币，具体数值取决于行业的利润率水平。但是，**只有具备 200 亿—1000 亿人民币的市场规模，才有可能成就一家 10 亿美金估值的公司**，也就是我们常说的独角兽。

这里首先要注意，500 亿人民币不是说收入，而是我们在

上文提到的（终端）市场销售额，比如 GMV[1]。以百度的搜索业务为例，广告是其主要收入模式，前端对应消费者的 GMV 或者广告所产生的最终 GMV 才是这里所指的市场规模。

在 500 亿人民币的市场规模里，假设我们看的这家公司的市场占有率为 20%，那么它的市场规模就是 100 亿人民币（500 亿人民币 ×20%）。而在"找到差异"的小节我们提到，新的公司模式在效率上要有提升，假设它的效率提升是 2 倍的话，这家公司就有 50 亿人民币的 GMV。

在 50 亿人民币的 GMV 里，如果公司能赚取 5%—10% 的净利润率，就已经非常高了。以电商平台为例，5%—10% 的净利润率实际上是佣金比例，也就是说，50 亿人民币的平台 GMV，公司最后只有 8% 左右的利润率，也就是 4 亿人民币利润。按照 15 倍的 PE[2]，就能够得到 60 亿人民币，也就是 10 亿美金左右的估值。

你可能会问，为什么是 15 倍的 PE？因为假设公司在达

---

1　Gross Merchandise Volume（成交金额）的简称，这是电商类互联网平台经常使用的术语。用公式表示的话，成交金额＝销售金额＋取消订单金额＋拒收订单金额＋退货订单金额。
2　这里所说的 15 倍 PE 是一种倍数估值计算方法，计算公式为市盈率倍数 × 净利润＝公司价值。我们会在"综合业务"部分展开介绍风险投资中几种常用的估值方法。

到 4 亿人民币利润时，市场占有率达到 20%，公司这个时候在市场上已经处于一个比较均衡、稳定的状态。这个时候 PE 倍数就不会特别高。

你可以看到，一个实打实的 10 亿美金估值的独角兽企业，要有 4 亿人民币的利润，这对于一个企业的要求是非常高的。如果我们进一步拆解 4 亿人民币利润的话：这家企业若是可以从每个用户身上赚 100 元，按照 8% 的利润率计算，用户就要消费 1250 元（100/8%）；而像这样能够消费 1250 元的付费用户要有 400 万名左右。可以想见，如果不是在中国这样有十几亿人口的"超级市场"里，找到 400 万名这样的付费用户是一件多么困难的事情。

市场容量的大小会间接作用于企业在发展过程中能够获取的用户数量及净利润，影响力很大。你在看一家公司所在的市场的规模时，也可以借用 500 亿（市场规模）人民币这个虚数，自上而下去核对它的利润与估值（推演过程如图 2-3 所示）。

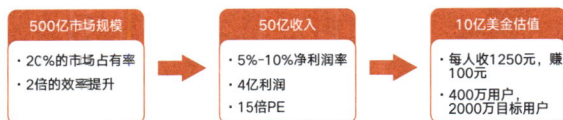

图 2-3　从市场规模推演公司估值

－ 于红 －

# ◎ 判断壁垒

投资人和创业者沟通的时候经常会强调"短期看需求，长期看壁垒"的重要性。短期之所以要看需求，是因为创业初期容易短暂地出现供给真空期。企业只要把一小部分用户的需求满足好，就可以享受一段时间的红利。但是伴随越来越多的玩家入场，市场会逐渐趋于饱和，没有形成壁垒的公司就会在竞争中被淘汰。从长远来看，建立属于自己的护城河对于一家想要对标独角兽的企业而言至关重要。

这个小节，我想先带你厘清有关壁垒的一些概念，再结合几位投资人的投资项目，在实战中判断他们建立起来的壁垒分别是什么，并在最后与你分享一些开始发挥重要作用的新型壁垒。

# 甄别：壁垒的概念有细微的区分

## 11

我们先尝试通过具体案例来厘清有关壁垒的一些区分。

**壁垒 vs. 优势**

投 B 轮左右的项目时，我常会问创始人"你觉得自己的壁垒是什么？"很多人给我的答案是团队——我们做技术的哥们儿之前是某大厂的技术总监，我们负责销售的同事经验丰富，能力远在竞争对手之上。这样的回答实则暴露了创始人对自己的壁垒认识不清，在此我也想请你特别注意。

壁垒是我有、其他人没有或者很难拥有的东西。认为自己的壁垒建立在团队之上的创始人混淆了壁垒和优势之间的区分：团队是所有创始人都需要搭建的，我们只能说能力强的团队是这个创始人的竞争优势，并不能说它是这个创始人建立的独特壁垒。

**进入壁垒 vs. 竞争壁垒**

那么"我有、其他人没有或者很难拥有的"壁垒究竟是指什么呢？彼得·蒂尔综合研究了一些垄断企业的特点后，提出了在投资业界公认的四类壁垒，它们分别是**专利技术、品牌优势、规模经济以及网络效应**。这几类壁垒的具体特征，我们放到下文展开介绍。这里要特别关注的一个问题是，它们之间是不是也有区分呢？

没错，我们把专利技术看作是进入壁垒，其他三者则属于竞争壁垒。二者的分别在于：进入壁垒是指行业内既存企业相对于有意进入这一行业（或者刚刚进入这个行业）的企业形成的某种优势。以作业帮为例，和有意进入在线教育赛道的企业相比较，作业帮有一道独特的进入壁垒，就是它的拍照搜题技术。它能对拍摄的题目中的文字进行识别，并以文字特征的相近性作为主要指标进行搜索结果返回。这项进入壁垒的门槛很高，把作业帮很多潜在的竞争对手挡在了门外。

再来看竞争壁垒。这种类型的壁垒的出现是因为在新型互联网时代，拥有进入壁垒的行业／公司变得越来越少了。很多企业都是在与同行竞争中一点一点建立起自己的防御能力，也就是竞争壁垒的。可口可乐的品牌优势、特斯拉的规模经济、脸书的网络效应等等，都是这个道理。

我们之所以在这里强调两种壁垒的区分，是因为竞争壁垒的重要性在未来会不断超越进入壁垒。[1] 在接下来的小节我们也会结合实例看几种典型的竞争壁垒。**创业公司早期可以没有（进入）壁垒，但一定要在成长过程中逐步构建自己的（竞争）壁垒。** 这是你作为投资人在识别企业壁垒的时候需要特别注意的。

－ 于红 －

---

1　特别是在互联网行业，技术壁垒不是持续的壁垒。有一项好的技术出现，竞争对手就会加大投入跟进。

# 品牌优势：把品牌打到极致的 "沸水效应"

## 12

关于品牌优势，我想从我投的一家公司智联招聘来引入。

2007 年—2008 年，智联招聘推出了黄健翔、徐静蕾版本的"跳槽代言人"广告，在全国重点城市的中心地铁站大面积投放，并配合有公交、商务楼宇等不同媒介的曝光，投入超过 1 个亿。这部分巨额的营销投入不为别的，就是为了建立起消费者对智联招聘品牌的长期稳定的心理认知。

当时招聘的市场逐渐从报纸广告转移至网络，以智联招聘、前程无忧、中华英才网为首的几家招聘网站都为打响自身品牌的知名度使出了浑身解数。品牌知名度较高的企业和知名度较低者相比较，前者具备较有竞争力的客群基数，于企业于投资人都有显著优势。

具体而言，智联在营销上的巨额投入产生了很多口耳相传的宣传语，像是你肯定记得的"好工作，上智联招聘"，为品牌带来了巨大的增值。这在后续也深刻影响了智联的商业效率：它在月度总浏览页面、日均访问次数等数据上的表现都开始处于领先位置。

正如我投资组合（portfolio）中的另一家公司赶集网的创始人杨浩涌所言：互联网品牌的营销策略讲究所谓的"**沸水效应**"，品牌没打到极致，就像水没烧到 100 度一样，不继续烧热度很快就没了。但只要先把水给煮开了，后续哪怕只是小火慢煮，也能保证水的沸腾。用户对品牌的持续认知也是这个道理。

还有一点很重要的认知是，即便公司的体量不同，把品牌打到极致的重要性也是相同的。杨浩涌曾以二手车线上交易网站举过这样一个例子：你不会在做 1 万辆车的时候，只需要 1 亿广告费，做 10 万辆车的时候需要 10 亿，而是从头到尾都需要 10 亿。这对投资人的启示在于，早期公司也要有建立品牌的意识。创业初期如果没有一个立得住的品牌，公司进入成长期后的获客成本会随之变高，容易在行业竞争中处于劣势。

然而，在资金不够充裕的情况下，用重金"砸"出来一个立得住的品牌对很多初创企业来说不切实际。除此之外，企业还可以通过哪些方法来发挥品牌优势呢？

第一，企业要培养自己的产品能力，研发出足够有竞争力的产品。这不是老生常谈，很多在线教育公司，早期**与其**

说在打响品牌，不如说是在建立口碑。产品有了好口碑，最直观的表现是用户自己的复购，并且推荐他人购买。这对早期公司来说非常重要。

第二，企业要培养自己搭建渠道的能力。拿火遍大江南北的凉茶品牌王老吉举例，除了产出爆款广告"怕上火喝王老吉"，王老吉团队还以一夜之间把产品送达全国各地餐饮饭店的铺货能力闻名。很多时候，**一个品牌的胜利同样得益于渠道的胜利**。企业是否能搭建多元的销售渠道——无论是线下还是线上私域流量的拓展——触达消费者，是你在考察品牌优势时应该着重考量的。

第三，企业要培养自己定义新品类的能力。现在一些比较成功的品牌，其实是在传统的品类里发现了一些符合用户需求的新品类。最典型的一个例子是喜茶：自建茶园、自供茶叶的喜茶在早期流行用奶精冲泡的茶饮行业显得非常小众。但是，喜茶满足了很多年轻人"想喝奶茶又不想太有罪恶感"的诉求，开创了"新式茶饮"品类，在竞争者不断的茶饮行业立住了脚跟。企业是否能定义新品类，以及品类是否有发展成长的潜力，也是你在考察品牌优势时需要把握的。

－ 王冠珠 －

可口可乐公司就很强调自身的品牌优势，他们曾表示："假如我的工厂被大火毁灭，假如遭遇世界金融风暴，但只要有可口可乐的品牌，第二天我又将重新站起。"

# 规模经济：用规模去改变成本和运营结构

## 13

我们知道，大部分企业在扩大规模的过程中获得的是有限利益。比如，一家健身工作室不管如何扩大训练场地、雇用教练，服务的顾客数量依旧是有限的。至于那些以规模经济为壁垒的公司，他们开发产品的固定成本能由更高的销量分摊，边际成本继而可以不断递减，公司也因此具备了大规模发展的潜能。

我过去在红杉资本中国基金任职期间投出的智能短途代步设备运营商九号公司（Ninebot）就是一家以规模经济为壁垒的公司。通过九号公司的案例，你可以更好地了解这一壁垒在行业竞争中起到的重要作用。

这家公司前期主要研发生产平衡车（如图 2-4 所示），它的创始人是两位北京航空航天大学毕业的从事机械机器人设计的高才生。然而，这两位创始人在动"做平衡车"的念头之前，美国其实已经有一家非常成熟的公司赛格威（Segway），专门在做这款产品了。一家初创企业又要如何跟行业龙头竞争呢?

图 2-4　平衡车的样式

很快，九号公司的团队找到了竞争的突破口。赛格威版平衡车自 2001 年上市以来一直被市场诟病定价高昂——从 4950 美元到 6 24 美元不等。如果再选装点什么，价格就直接奔着 10,000 美元去了。这让它注定成不了普通老百姓可以消费的产品。

而九号公司团队所做的，就是想方设法地降价——从选择轻量级的材料到优化供应链，控制生产成本——都是为了以更低的价格推动销量增长，实现规模效应。

九号公司第一代平衡车的零售价是 12,000 人民币。相比赛格威的产品已经便宜很多了。而在我投完后的那年，他们发布的第二代产品直接把价格降到了 1999 人民币。当时我问创始团队有必要卖这么便宜吗，他们给我的回答是："屠城就屠狠的。"

后来的故事你可能已经知道了：九号公司的规模优势根本性地改变了成本和运营结构，低价使得需求量大增。它频频出现在小区、公园、广场等生活场景，成为大众青睐的短途代步工具。2015年，九号公司在小米和红杉等投资机构的财务支持下，反向收购了平衡车鼻祖赛格威，获取了全球的专利、品牌和渠道，赢得了平衡车市场的竞争。

若是延展开来讲的话，特斯拉在建立自己规模经济的壁垒时也用了相似的路数。在形成一个非常炫目的品牌以后，特斯拉就尝试使用各种方法，"专心"降价，率先将成本控制在28,000美元左右，形成规模效应，成为电动车市场上最大的玩家。

可以想见，企业是否能够通过有效途径控制成本建立起规模经济的壁垒，规模优势是否能进一步改变企业的成本和运营结构，是你在判断壁垒时应该着重考量的。

– 李剑威 –

# 网络效应：能够自循环的产品
# 才是最优秀的产品

## 14

介绍网络效应前，我想先与你分享我经常用于评判产品优劣的三个步骤，它们分别是：

· 能否增加用户

· 能否留存用户

· 能否自循环形成壁垒

增加和留存用户比较好理解。至于第三个步骤提到的自循环，它是指每新增一个用户都能对系统，也就是前两个步骤带来正向的影响力（如图 2-5 所示）。

图 2-5　产品的自循环

为什么这么说？通常情况下，产品中新增的用户对于老用户来说几乎不会产生价值。但如果平台里相当一部分的内容被放入公域市场，让用户可以在那里参与讨论并被阅读，那么新增用户就有可能对老用户产生增益的效果。这就是为企业筑起竞争壁垒的一种网络效应。

你会发现，那些在自身核心商业模式中植入了网络效应的公司往往能够取胜。除了我们刚才说到的这种形式，网络效应还有很多其他的表现。比如说，微信这款产品中植入了**个人效用网络**：用户在这里与社交圈沟通，维系自己对外的形象。选择从中退出的话，用户的社交关系会受到极大的影响。同理，用户如果单方面选择一款"与众不同"的社交软件，也会因为无法形成网络效应，难以持续地使用。

再比如，淘宝、拼多多等交易平台植入了**双边网络**：供应和需求两侧的用户在加入网络后为对方提供互补性的价值。用户量越大，平台商品的价格会越有竞争力。同时因为它们的价格与其他平台相比有显著优势，所以有机会获取更多的用户。至于那些建立起强连接的双边网络，还可以配置上下游的资源。美团就投入了大量精力帮助广大中小餐厅做数字化经营，让它们可以更加顺畅地接入网络。

除此之外，像电子游戏机 Xbox 中植入的是**平台网络**：它可以把用户与海量的游戏连接在一起。相较于游戏带来的网络效应，Xbox 本身的价值就相对显得次要了。

这些公司通过不同形式的网络，实现了"越大越好，越好越大"的自循环。你在评估一家公司（及其产品）是否发挥了网络效应的时候，可以参考其他公司用相似或者不同的办法，从头开始，有没有办法达到同样的规模。如果规模效应可以复制的话，你还要看那些后来居上者会不会因为成本或者效率不够高的原因被淘汰。

– 于红 –

# 数据优势：全方位描摹用户，理解市场需求

## 15

先来做一个思想实验：今天如果你有几百亿的资本，是不是可以再造一个淘宝出来？我想，绝大多数人会给出否定的答案。其中很重要的一个原因是，淘宝在几十年的经营过程中留存下来了大量 B 端以及 C 端的数据，这些数据是你今时今日"再造"淘宝时难以企及的。

投资人需要意识到，除了彼得·蒂尔提到的几类壁垒，企业善于应用数据的能力同样是典型的竞争壁垒。并且，它在未来会发挥越来越重要的作用。

我们平日里使用抖音、网易云音乐、美团等产品，经常会有这样的体验：多次打开 App 看短视频、听私人 FM、点外卖，平台就会把更符合你口味的内容推送给你。这正是平台通过分析数据，为不同的数据赋予权重，构成了对用户全方位的描摹，并在此基础上为用户提供更为精准的推荐服务。

以作业帮这家公司为例：过去，中小学生培优补差，需要非常有经验的老师来给孩子"望闻问切"。而背靠强大数据

分析能力的作业帮正在改变这种局面。这正是因为，学生拍照搜索作业题的行为能被拆解并被打标签。比如，搜索这道题的学生就读哪个年级，哪个学科比较薄弱，对这个学科知识点的掌握情况如何，等等。利用这些细颗粒的数据对搜题的学生形成相对准确的描摹以后，平台不光可以个性化推荐练习，把学生搜索的问题和海量真题试卷关联到一起，还可以定向推送直播课服务，帮助学生弥补有关特定学科知识点的不足。

当我们把数据视作串联平台内部各项业务的一条绳索，就可以极大地提高效率、增加用户黏性。与此同时，使用课程产品的用户又会形成数据回流，进一步完善企业对用户的认知。你可以看到：企业正是通过数据去理解用户变化的需求，主动对市场变迁做出响应。

反过来，我要提醒你的是：如果数据只是产品的边缘属性，那么它发挥的作用会明显减弱。很典型的一个例子是在线视频 App：真正为爱奇艺带来价值的是 App 里电视剧电影的节目存量，而不是推荐节目的功能。数据在爱奇艺节目储量不足的情况下能够起到的作用非常有限。

也就是说，在企业的数据和其核心业务高度挂钩的情况下，你应该着重考察企业运用数据驱动自身业务及产品的能力。

－ 于红 －

美国管理学家吉姆·柯林斯（Jim Collins）提到过他在斯坦福大学就读时罗伯特·伯格曼（Robert Burgelman）教授说的一则忠告：工作和生活中最大的危险不是彻底的失败，而是成功了却全然不知成功的原因——我们在这几个小节集中讨论的判断壁垒的重要性正在于此——它能帮助你找到一家公司获取成功的真正原因所在。这样，公司在未来的运营过程中才可以不断去复刻自己的成功。

# 预测终局：以终为始，判断企业的价值

## 16

我们通常认为，企业逐步建立壁垒，在行业里占据一席之地的时候，需要思考这样一个问题：自己所在行业可能的终局在哪里？这是因为，企业如果可以明确终局目标，并将其作为当下处理事务的参考尺度，就有机会"超前"创造产品或服务的新范式。

很典型的一个例子是苹果公司。早年，苹果看到了智能手机对 iPod 销量的冲击，预估了未来 5 年智能手机行业的格局，并反向推演凭借自己制造 iPod 的技术优势能不能在智能手机的市场里切到蛋糕、能切到多大的蛋糕。苹果公司正是在终局思维的关照下推出了 iPhone，重新定义了智能手机和移动互联网行业。

事实上，投资人在研究一家逐渐形成自身壁垒、能在行业立足的公司时，同样可以采用这种思考方式：参照行业终局，估算市场空间，判断公司价值。

具体来看，行业终局主要有以下三种。第一种是**一家独大，其他竞争对手都不成气候**。比如，腾讯旗下的产品基本满足了我们熟人社交的需求，用户无须下载同类别的第二个 **App**。第二种是**双寡头或者多寡头的制衡**。在线视频行业正是如此，由于版权采购、内容产出能力的差异，视频行业在保持"爱优腾"三足鼎立格局的同时，也不断受到芒果 TV 和哔哩哔哩的制衡。第三种则是**百花齐放的业态**。一些用户转换壁垒低的行业（比如消费品牌）以及决策点比较多的行业（比如汽车）很容易形成这种多家并存的局面。

在行业终局相对清晰的情况下，你就可以估算市场空间，判断公司价值。比如，预估在一家独大的情况下，这个市场可以跑出来 100 亿美元市值的公司。即便按照其他估值计算方法，这家公司目前只有 10 亿美元的估值，有的投资人还是愿意给出高于 10 亿美元的估值。因为从终局判断，这个项目未来可以涨到 100 亿美元。现在给的估值高，就可以占比较大的比例，未来能够赚的倍数也更高。

以我投资运满满为例：我们在评估这家公司的时候它还没有收入，但它在货运行业领头羊的地位已经相对清晰了。我们基于此行业终局的情形，测算了未来可能的市场规模，推算出我们能够赚的倍数，进行了投资。

这里我要特别提醒你的是，从行业终局回溯公司估值的思维方式更适用于竞争格局相对比较清晰的行业。相反，在一些终局尚不明晰的行业，投资人的估值判断就很容易失焦。

比如十年前的美团：有投资人认为外卖满足的是一小部分用户平日里偷懒不想做饭的需求，市场规模相对有限。也有投资人认为它是对餐饮行业的一种替代，市场规模巨大，企业的估值也更高。再比如今天的元气森林：一些投资人认为它有望"干掉"可口可乐，另一些投资人则认为它只能在无糖饮料的赛道中杀出重围。因为可口可乐与无糖饮料所在的市场规模差别很大，投资人对元气森林的价值判断也会有很大的偏差。

在行业终局相对清晰的情况下，投资人反向推演出的估值策略，确信度也会来得更高。这种以终为始的思考方式也是你在判断项目时可以去借鉴的。

– 于红 –

# 提前风控：和职能团队打好配合仗

## 17

关于一个项目值不值得投资的问题，上文主要是从企业发展前景的角度讨论的。到这里我们需要切换视角，从项目风控的角度再做一遍评估。我们总说创业是"九死一生"的荆棘路，创业者身后的风险资本也有可能因为各种不可控因素遇挫。有意识地监控项目存在的问题，我们才有机会在风险到来之际有的放矢。

通常来说，风控应该贯穿于投资的各环节。这里我们主要介绍项目研究环节，也就是决定投一个项目之前，在业务、法律和财务这三方面的风控。你可以试着把自己想到的风控点先填入下表中。

业务风控，顾名思义，就是投资人对公司业务风险点的排查，通常以商业尽调（Due Diligence, DD）的形式完成。这里稍做列举：产品没有足够大的利润空间，产业链过长，产品没有建立起自己的竞争壁垒等，都有可能成为公司业务层面的风险点，使得一家公司的商业模式难以跑通。同理，另外二者是对投资标的财务和法律风险点的排查，通常以财务

表 2-1 项目风控点一览

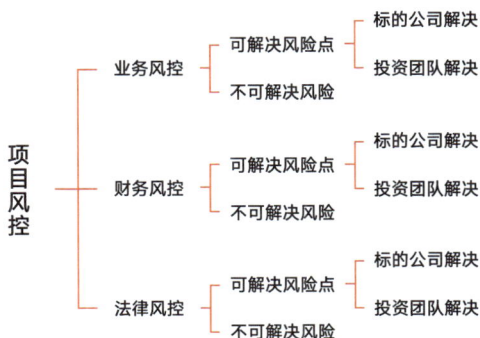

尽调和法务尽调的形式完成。比如，企业是否存在财务造假的情况，是否持有特许经营许可和业务资质，等等。

这三块风险点都可以细分为可解决／不可解决的风险点。不可解决的，也就是会影响公司未来融资乃至进入资本市场的要素。我们通常倾向放弃这一类项目。至于可解决的——由于创业公司早期在业务、法务和财务方面没有配备完全专业人才，难免存在业务模式暂时没跑通，或者法务、财务不合规的情况——你要对它们保持开放的态度，进一步判断哪些是标的公司自己需要解决的，哪些则是你所在的投资团队可以帮助他们处理的。上述关于风险点的把控，都有可能成为你与标的公司谈判乃至起草投资协议的依据。

需要特别注意的是，**投资风控并不是投资人一个人在奋战**

——或许你是一个行业专家，可以主导业务层面的风控，但你很难同时精通法律和财务。术业有专攻，这两块的风控一般会交由专人负责。比如，会计师事务所、律师事务所，或者投资机构后台的财务和法务顾问。他们会从以下这些方面为公司做一遍体检，并就尽调结果给出专业建议（如图 2-6 所示）。

- 组织机构
- 公司治理
- 劳动人事情况
- 重大合同及重大债权债务
- 重大诉讼、仲裁和行政处罚
- 财务报告审查
- 损益项目审查
- ……

图 2-6　财务法务尽调要素

对于无处不在的风险，投资人先要树立"What can go wrong, will go wrong"（凡是可能出错的事就一定会出错）的风控意识，通过以上这些动作在风险中寻求安全边际，在灾难降临的时候为自己预留一艘救生筏。

－ 王冠珠 －

# ◎ 寻找创始人

我们知道，作为面向非上市公司的股权投资，风险投资和股票、债券投资最主要的区别在于，它要处理大量和人打交道的工作。

举个不那么恰当的例子，当你去买和卖一家上市公司比如百度的股票时，你肯定见不到李彦宏。甚至于你见到李彦宏，私下里获取交易信息，就成了违规的内幕交易。但在投资一家非上市公司的时候，和创始人及其团队充分沟通是你势必要做的动作。甚至于能否找到优秀的创始人和创业项目，构建起了你作为风险投资人的核心能力。

这一小节，我们把投资人找人、找项目的工作日常做了拆解。你将依次看到投资人接触创始人和创业项目的通道与方法。

# 来自 FA：通过财务顾问触达更多项目

## 18

投资因为有轮次，也就有所谓的"上下游"关系。很多时候，投资人就是在和上下游深度合作的过程中找到项目的。

比如，一个投天使轮基金的合伙人会把手里的项目告诉专注于 A 轮投资的基金合伙人：我这边有好的投资项目，看看要不要接盘。再或者，一个主要投 B 轮项目的投资人会定期和上游的同行沟通，聊他们手上的 A 轮项目。早期投资人可以作为后期投资人的信息渠道。

在上下游互相通气的模式之下，你会发现，投资项目是在一个私密的社会循环（private connection）流动的。很多不在这个循环里的投资人比较难拿到项目。

作为新人，自己机构的人可能都没混熟，又要怎么从上游机构的同行那边获取项目呢？别急，你可以在以下小节里看看新人取得项目的渠道。

最常见的渠道来自 FA（Financial Advisor），也就是财务顾问。FA 是广义投行业务的一种，他们在创业公司和投资人之间扮演着中介的角色。FA 的出现，顺应了创业公司和投资人双边的需求。

从创业公司的角度看：资金是企业的血液，融资这等大事，肯定希望能由专业的第三方团队操盘来得更有保障。再加上早期公司各方面（特别是和财务相关）的人才匮乏，不擅于处理融资所需的繁复数据，还得有专人包装打理。这么一来，原先通常是相对比较成熟的项目会去找 FA，现在很多天使轮，甚至尚未有任何投资人介入的项目都有了 FA。

从投资人的角度看：在中国，不管是资深，抑或资历尚浅的投资新人，找案源（deal-sourcing）都不是一件易事。我们常说，脑子够用，只是手不够长——中国每年涌现出来的创业项目数以万计，对于集中于北上杭深等地作业的风投群体来说，同城的项目都很难覆盖全，遑论触及在成都、武汉等新一线城市涌现的创业机会了。

能够借 FA 之手触达更多项目，对投资人来说是一件好事。更重要的是，FA 打破了投资圈层相对闭塞的信息流，在加速信息流转速度的同时，增加了项目相关信息的丰富程度。过去项目是在上下游的合伙人之间流动的；但现在，项目经常就被 FA 邮件一键转发给 20 几个不同机构的投资人。更有甚者，上一轮融资尚未结束，FA 就开始着手准备下一轮融资的撮合业务。这些现象放在过去（或是其他国家的投资界）都是无法想象的。

对于新入行业的投资人来说，若能有意识地和 FA 建立起联络，未来想要接触到项目并不是一件难事。

－ 于红 －

# 来自蓝筹：盯住成熟企业的中高层

## 19

新人约谈项目时，会遇到一些"非合伙人不见"的创始人，他们不愿意接待资历尚浅的分析师、投资经理。

这种情况不能说不常见。从创始人的角度想：公司着急融资，我肯定得找投不投自己能做主的合伙人。和没什么决定权的新人聊，还要在投资机构内部过好几道流程，费不起这个时间啊。

事实上，我觉得对于专注于早期投资的新人而言，去找那些已经动了融资念头的创始人就有点太迟了。找人这件事儿其实可以前置，你可以试着去大厂的中高层里找"尚未创业的创业者"。

大厂（或是特定赛道的头部公司）培育了非常多有经验的从业人员。腾讯人在游戏、社交方面的经验遥遥领先，阿里人对投放、增长、供应链等电商模块的理解同样非常深入。你肯定听过马云说的这句话："未来每年将向社会输出 1000 名在阿里工作 10 年以上的人才。"暂且不论这个输出是主动还是被动，像有赞的 CEO 朱宁，去哪儿网的总裁张强等，的确都是出自阿里系的优秀创业者。

你其实可以有意识地去认识这些头部公司的中高层，或是对业务模式有相关深入理解的人。后续他们有创业的打算，你就可以在第一时间建立起联系。他们（在这个阶段）一般非常乐于同投资人交往，也愿意了解投资人熟悉的相关领域一级市场未上市公司的运营情况。投资人和高管的社交因而有一定的互补性。同时，因为没有融资方面的压力，他们也不大会介意对话的对象究竟是新人还是合伙人。

和围堵创业团队相比，借由校友或是同事的社交网络寻找大厂里面那些尚未创业的创业者，不失为一个更高效的工作法。

– 王冠珠 –

投资人在寻找潜在的创业者时，会格外关注校友的社交网络。这是因为，高校作为一个"超级节点"，连接起了丰富的人才、技术资源。

那些在大公司积累管理经验、出来创业的人，会在校友中间寻找合适的技术。他们很多是在校友科研成果的基础上创业的。当然，很多学校本身也会建设产业园，来培养创新创业人才、孵化高新技术企业。

投资人可以通过这个"超级节点"，在一些"跨界"的校友活动中和关注领域的创业者、技术专家建立起连接。

# 来自媒体：抓住创始人释放出的讯号

**20**

除了上文提到的两种渠道，经常发布创业、风投相关内容的媒体平台也是投资人找人找项目的一个重要信息源。

其中，投融资报道相对比较直白——公司甲获得投资方乙数千万元的 A 轮投资——这样的报道很有可能是企业（和早期投资人）向成长期投资人释放的信号：项目不错，快来接盘。

还有这样一类（通常有关一些初创公司创始人的）媒体报道，也在朝早期投资人释放信号。只不过这类报道相对比较隐晦，需要你另行"翻译"。当然，准确解读这类报道，能够帮你尽可能早地识别出那些有融资意向的创业公司。

举一个挺常见的例子：你肯定见过有的创始人在公众号上频繁地更新一些分析自己所在行业的文章，或者原先不常在媒体抛头露面的，现在密集地接受采访，分享近期自己对行业的一些看法。诸如此类的解读分析并不是创始人没来由地爆发表达欲。这般"孔雀开屏"，很有可能是一个融资信号：我对行业格局有非常深入的了解，研究成果也初有起色了，你们（投资人）快来找我聊吧。

你可以先以"请教创始人对行业看法"为来由找到那个创始人，和他沟通融资方面的想法。即便你会错了意，也能收获行业专家近身的判断观察，何乐而不为？

－ 王冠珠 －

# ◎ 识别创始人

通过上文的讨论，你应该发现，找到创业者不难，难点实际上在于如何识别出好的创业者。在中国，每年有数以万计的人投入创业。对于投资人而言，平均每见1000个创业者发现独角兽和平均每见300个创业者就能发现独角兽，两者之间效能差异巨大。

接下来讨论的内容和如何提高找人的效能有关。我们先来看优秀创始人表现出来的核心能力，即愿景力、开放性、同理心和领导力，它们分别与创始人对业务、对自身成长，以及对他人的理解和掌控能力相对应。

# 创始人的愿景力：将业务高度抽象，再把它做实

## 21

我们通常认为，愿景是一个很务虚的词。它遥远且抽象，无法解决具体问题。但我认为，投资人对于创始人的第一评价要素应该是愿景力。

创始人在想事做事的时候，有的倾向于脚踩西瓜皮，滑到哪里是哪里。有的则倾向于把所做之事的前景乃至终局尽可能地考虑清楚。对于这两类创始人，投资人肯定倾向于后者。愿景力正是这类创始人身上表现出来的对于未来大势的把握能力，它考察了创始人是否能在某种趋势之下抽象出核心的关键点。

以两位大家熟知的创始人为例：字节跳动创始人张一鸣用机器分发替代门户网时代的人工编辑，是因为他先人一步，把移动互联网核心的关键点抽象成为推荐算法。拼多多创始人黄铮致力于打造"多实惠多乐趣"的购物体验，也是因为他将社交电商的关键点抽象成为"开市客（Costco）+迪士尼（Disney）"，即"精选商品 + 娱乐"模式，创新利用游戏化的手段运营电商平台。

把握未来大势并将其高度抽象的能力非常稀贵。张一鸣对移动互联网的抽象、黄铮对社交电商的抽象在早期是极少数人的共识，而不是大多数人的 Aha! moment。投资人首先要磨砺自己的专业能力，成为能和创始人形成共识的那一小部分人。

除此之外，我认为投资人还要考察创始人是否可以把抽象思考转化为战略步骤去实现。这是因为，当创始人对未来之势形成前瞻的判断以后，在执行层面还会有千差万别的表现。是否可以将愿景真正投入行动，也应该被纳入创始人愿景力的考察当中去。

我曾问侯建彬（作业帮创始人兼 CEO），未来想把作业帮带往哪里。他给我的答案是，从拍照搜题切入，把作业帮做成中国最大的在线教育公司。当时，很多人认为这两者之间没有必然联系，这么做就是在隔靴搔痒。侯建彬的团队却有条不紊地制定了战略步骤：

· 打磨拍照搜题技术
· 目标利用这项技术占领 80%–90% 以上的 K12 用户
· 借由算法模型记录用户的搜题行为
· 基于此形成用户画像

·精准推荐在线辅导服务，打造面向不同用户的刚需产品

·通过这款产品获取流量

……

作业帮的创始团队正是通过这些战略步骤，将愿景凝聚成为整个企业共识性的目标，不断地去验证、迭代、突破原初的天花板。像这样把愿景"从虚做实"的能力，也是投资人在考察创始人愿景力时需要特别注意的。

－于红－

# 创始人的开放性："选择性"地消化建议，迭代自己

**22**

我们在刚才的讨论中提到，有愿景力的创始人已经有超乎常人的认知，并且愿意坚定地去实现它了。在此基础上，投资人还应该着重考量创始人是不是对外部信息保持着开放性。

投资界"流传"着这样一则趣闻：A、B、C 三人搭同一部电梯去楼顶，A 在电梯间里站着不动，B 在小跑，C 则在做俯卧撑。等到达楼顶以后，别人问他们是怎么上来的？A 说站着就上来了，B 和 C 则回答是跑步和做俯卧撑上来的。

我们形成对一件事物的认知可以通过多样化的信息渠道。但从上述三人的回应可以看到，我们自以为的认知也许是片面，甚至是不符合实际情况的。

创业者自己形成的一套认知，或多或少都有它的局限性。若是固守于此，而不根据外部事物的动态发展去迭代认知，再优秀的人都会落后。相反，能够保持开放性的创业者，也就是那些拥有很强的学习能力，并且愿意自我迭代的人，才会持续不断进步。

火花思维是一家专注于 3—12 岁孩子思维训练的在线儿童教育平台。早前我和火花思维的创始人兼 CEO 罗剑沟通时，他正在做一个叫作"玩多多"的玩具租赁创业项目。我曾就创业方向给他提过一些建议：中国家长还是更倾向于买玩具，而不是和一些不相熟的人共享玩具。玩具租赁的商业模式很难跑通。要不要尝试做在线小班的英语教育？

罗剑很快开始探索在线教育行业下面的细分赛道。他先研究了语言培训赛道，认为这一块的竞争已经非常激烈了，没有把握可以"杀"出一席之地。之后他在机缘巧合之下参加了美国亚特兰大教育展，发现会展上大量的数学教育展柜，教授的不是我们常规意义的计算题，而是逻辑思维和空间想象。

罗剑意识到，教孩子如何解计算题当属 K12 阶段的学科培训。逻辑思维训练则是学科培训之前的学科启蒙教育。它能激发孩子未来对学科学习的兴趣，让他们在进入体制内的教育以后能更加游刃有余。因为这一产品独特的功能，很多家长会提前去布局。它成为了一个很好的创业机会。

我试着梳理了罗剑结合外部建议以及信息，迭代自己对于在线行业认知的过程。事实上，投资人可以试着给创始人提一些挑战性的建议或者问题，去看他们的开放程度。

更重要的是，考核开放程度的落脚点不在于创始人是否全盘接受了投资人的观点，而在于他能否有意识地过滤信息，并对建议作出反馈。

听到有关创业方向的建议以后，罗剑并没有马上切换方向，而是在调研外部信息的过程中逐渐累积对在线教育行业的认知，找到自己可以切入的新赛道。事实上，创始人所表现的开放性从来不是对投资人提出建议的言听计从，而是可以在一众噪音中过滤信息，更有效率地迭代自己。

这种开放性在罗剑团队运营产品的过程中也有所体现。曾有不少家长给他的团队提意见：别人家的网课，孩子可以通过摄像头看到一块上课的小朋友，火花思维最好也把这个功能加上去，好让孩子之间可以互动。罗剑没有马上去提需求改功能，而是请团队的心理专家调研这一功能对学龄前儿童学习可能会产生的影响。专家研究发现：上网课的时候，如果有一个孩子开小差做其他事，其他小孩透过摄像头看到以后也会有类似的表现，孩子的注意力因而很容易被分散。

罗剑团队在这个过程中完成了听取建议——研究调查——过滤噪音——形成新认知的闭环。这正是创始人对于外部信息以及建议保持开放性的一次完整展现。

－ 于红 －

# 创始人的同理心：理解消费者、员工甚至竞争对手

## 23

关于创始人的同理心，我们可以从苹果研发第一代 iPhone 的事例开始讨论。

你可能还记得，塞班系统下的实体按键手机在千禧年初曾是绝对的主流。那个时候，苹果公司内部正为开发全新的手机形态打得不可开交。其中一款方案——用更大的显示屏替代实体键盘，也就是在 iPhone 的基础上沿用至今的方案——我们已经非常熟悉了。但苹果公司同期还在开发一款形似 iPod 的手机。这款方案因为"更可行、更可预期"，在当时得到了很多人机界面设计师和销售人员的支持。

但乔布斯始终认为，"手指是最好用的工具"。他力排众议，坚持以纯粹的触摸屏替代键盘。故事接下去的发展你应该不陌生了：第一代 iPhone 的惯性滚动和回弹效果彻底改变了人机互动的方式，为越来越多的用户所接受。

乔布斯选用这款方案不全然是他本人的 Gut Feeling，即直觉。他更需要从用户的角度出发，深度思考使用体验。像这样置身于他人处境，共情他人感受，体会他人想法的能力，

是一名创始人难能可贵的同理心，也是你应该着重考察创始人的维度之一。

当然，创始人的同理心不仅表现在对消费者需求的深刻感知上。你还可以通过尽调环节的访谈，去了解创始人是不是对自己的员工，甚至同行业其他的竞争对手怀持有同理心。比如，员工工作失误的时候，创始人能否厘清这里边有哪些是员工自身的原因，哪些又是由其他情况造成的，员工是不是有什么难言之隐？再比如，创始人对于行业内的竞争对手持有怎样的态度，是鄙夷不屑还是惺惺相惜，是否会思考共赢的可能，等等。

－李剑威－

# 创始人的领导力：成为团队中的"孩子王"

## 24

创始人的领导力，简单来说，是影响他人，特别是团队、投资人、供应商等关键角色的能力。从投资人的角度讲，**考察创始人的领导力，最主要的是考察他影响团队的能力**。完成未竟之业，一位兼具愿景力和开放性的创始人势必要组建一支强而有力的团队，并且还能持续对团队施以影响。这就好像一群孩子中间总有那么一个"孩子王"，能让其他小孩心甘情愿地跟着他 / 她的理想行事。

我会以"宜买车"的案例为主，辅之以判断的几个维度，在具体的情境下与你讨论创始人影响团队的能力。

在我的投资组合里有一名非常年轻的创始人叫包牟龙。他在创业做宜买车，也就是中国最大的汽车零售超市之前，曾是一名职业级别的电竞选手，在 Dota2 的天梯系统可以排到全国前 20。

关于创始人领导力的讨论，我想可以从包牟龙在电竞行业的经历出发。包牟龙不仅自己擅于打 Dota，还和朋友成立了电竞俱乐部 IMG，以经营公司的逻辑组建了一支 Dota 战队。他们安排第一梯队里人气比较高的选手做游戏直播，第二梯队里相对年轻的选手则主要打磨技术，在电竞行业尚未形成规范的 2014 年对俱乐部的组织运营做了很多探索与尝试。

当包牟龙发愿要做宜买车这个项目时，他也和组电竞战队那会儿一样找到了自己的朋友，和这位"他认识的最懂互联网的朋友"验证业务模式。朋友一开始不买账，觉得包牟龙还没有把汽车交易的模式想清楚。但在持续沟通了一段时间后，他们对汽车超市业务都有了更深层次的理解：汽车超市一站式卖全品牌汽车的业务模式是对过往 4S 汽车品牌销售体系的升级迭代。它可以下沉到传统 4S 店没法覆盖的三四线城市，为这部分增量市场的消费者带来选择多、速度快、服务好的购车体验。朋友后来也出任了宜买车联合创始人。

结合包牟龙组电竞战队和创业早期找联合创始人的经历，我认为投资人在考察初创团队时，可以着重看**创始人组建的团队里有没有认识他相当长时间的人**。只有在他身边学习和工作很久，和他长时间接触的人，对创始人才有真正深刻的认识。

如果团队中有这样的成员，投资人就可以反过来根据他们的情况判断创始人的领导力。比如，他们在团队待的时间是不是足够长，他们的专业能力是不是足够强？投资人只能在非常有限的时间里了解一名创始人，创始团队里的这些成员则是赌上自己的前途去押注这家公司。如果这部分成员的能力足够强，其实也从反面印证了创始人的领导力。

最忌讳的就是，早期看起来各方面都很优秀的 CEO，搭起来的团队里没有他比较熟悉的人。这也许是因为创始人过往经历中没有碰到能对创业团队提供更好帮助的人，他只是在短期之内认识了很多牛人，然后把这些牛人凑在一起了。我通常认为，这样是不太行的，因为这意味着他在过往的经历中可能并不是一个真正的领袖，没有人愿意长期追随着他。

我们再回到包牟龙组建宜买车团队的事例上。他在这个项目小有规模的时候依旧非常重视团队的搭建。阿里的销售人才，中国 20 强 4S 店管着几千号人的总经理等，先后加入了包牟龙的团队。

创业过程中，高管团队不会从一开始就搭建得非常齐全，都是逐步叠加的。在企业快速发展的 A、B 轮融资阶段，投资人其实可以向创始人提问：**过去一年里，你们公司新加入的最高级别的人才有哪些？**

之所以提出这个问题，是因为通过它能够看出公司在过去一两年之内引入人才的水平和情况。像宜买车团队那样持续有高水平人才加入，对于创始人的领导力而言肯定是加分项。反过来，如果没有什么高管加入的话，大概有三种可能性：

第一种可能性是创始人不具备这样的领导力，很难吸引牛人加入公司。这肯定大家都最不想看到的情况。

第二种可能性是公司业务并不具备优势，所以很难吸引优秀的人才。这需要我们根据产品、业务、创始人等维度交叉验证。

第三种可能性则是，创业者或许很优秀，能力和业务都很好，但他没有意识到优秀团队的重要性。这一点相对来说是轻度问题。如果创始人可以保持开放性，而团队也可以在与创始人的沟通中看到他想要做出改变的意愿，那么这个问题相对来说是比较容易解决的。

我一直以来都认为：一家 10 亿美金市值的公司是产品和创始人共同作用的结果，可能一位 A– 或者 B+ 的创业者就可以实现。但如果真的想成为一家 100 亿美金市值的公司，一定要由 A 或者 A+ 的创始人来把握。

希望这一节识别创始人领导力的几个不同维度能够帮助你识别 A 甚至 A+ 的创始人。

－ 于红 －

# 有潜力的创业者：
# 不投也需要不断去跟进

25

我们在上述四小节列举了识别优秀创始人的几个维度。投资人紧接着需要面对一个非常直观的问题：如果创始人在某些方面的表现不尽如人意，要不要去投他们的项目呢？

对于投资人来说，不投一个项目是很常见的选择；但即便不投，我们对这些项目也会持续跟踪，并不会彻底"枪毙"，判定它肯定不能投。这很大程度上就是从人的角度考虑的：创始人时刻在改变。他们在与不同合作伙伴、投资人、供应商的交往过程中吸收不一样的建议，各项能力也会不断发生变化。

一些年轻的创始人受阅历和经验所限，对于业务模式的思考可能比较浅，尚未表现出一名 A+ 创始人的核心能力。对此，你要保持开放的心态，持续跟踪他们的成长情况。比如，隔 4—5 个月和他们交流沟通。

这么做一方面可以识别创始人关键能力的变化，一方面也是为了建立起双方的信任。股权投资从来不是一锤子买卖，即便决定不投一个项目，投资人事后是杳无音信还是持续跟进，这两种反应给到创始人的感受显然是有差异的。在持续沟通过程中建立起相互信任的关系，创始人会更有信心把真实的想法告诉你。

当然，投资人持续跟踪创业者，很大程度上也是出于"未来在某个合适的时间节点再下手"的考虑。我这里需要打个岔：能够这么做的前提是投资人所在基金的规模比较大，介入一个项目的时间点相对灵活。反之，投资人在投资阶段上就会有很多限制。

- 于红 -

# 有风险的股权架构：
# 怎么看创始团队的股权架构设计

## 26

借由现在（即创始人的四大核心能力）和将来（即创始人的成长变化）这两个时间维度理解创始人以后，我们还要回到过去，通过创始人建立企业的历史沿革，对他们形成更加立体的认识。

其中，企业的股权架构设置就是一条很重要的线索。比如，创业初期如何分配"开朝元老"的持股比例？再比如，企业快速成长时如何与拿股份进入董事会的投资人保持良性的关系……企业发展过程中，创始人做出的重大抉择都会在股权架构上有所体现。

我们接下来会看到一些有关股权架构的"负面清单"，它们是你在考察创始人时应该警惕的危险区。

第一，**联合创始人的持股过于平均**。有很多创业伙伴是朋友或者同学，生意刚开张的时候，很难准确甄别合伙人的能力和贡献。他们继而选择均分股权，以示公平。但在这种情况下，团队的经营理念一旦产生分歧，就很容易出现"谁也拿谁没办法"的决策僵局，甚至引发控股权的争夺战。

富有远见的创始人会"在苹果没有熟的时候，就制订分苹果的游戏规则"，也就是在公司尚未引入投资人，对股权价值形成判断的情况下，及时调整股权结构。如此创始团队才有可能高效运转起来。

第二，**投资人之间利益冲突严重**。我们在上文提到的财务投资人和战略投资人就有可能在关乎企业发展的重大议题上产生分歧。比如说，财务投资人会积极推动企业 IPO 以全身而退，战略投资人则会希望企业继续留在自己的体系里面发展。而当创始人寻求以一个不错的价格卖掉企业时，这两类投资人也会持不同意见，使企业陷入类似平分股权所导致的决策僵局。

具有前瞻性的投资人会就以下事项——分配给投资人的董事会席位有多少，就公司重大事项享有一票否决权（Veto Right）的投资主体有多少，应该在公司发展的什么阶段引入财务投资人、战略投资人，等等——提前做规划。这些规划和投资人的切身利益挂钩，也是你在考察创始人时应该着重把握的。

第三，**员工股权不足**。一个行业里不同公司的薪酬体系会有非常明显的趋同效应。在缺乏股权激励的情况下，企业经常要面临人才"被打劫"的情况。你需要去研究，创始人是如何在设计员工持股计划（ESOP）和防止股比过度稀释之间，找到折中的办法以吸引核心人才的。而当股权激励带来员工"躺在功劳簿上睡大觉"的负面影响时，你还要看创始人是如何使用人力资源手段去把它化解的。

投资人通过股权架构这条线索了解了创始人过往的规划与行动以后，也会对他们未来的发展图景有更加清晰的认知。

– 王冠珠 –

第三部分

进阶通道

# ◎综合业务

本部分于篇介绍的业务项知识对于我们先前的项目研究和找人识人的方法起到了验证和把关作用。在成为风险投资人的进阶路上，这部分知识能帮你更高效地走完从投资到投后管理的闭环。接下来我们先来看基本面的财务知识。

# 学财务：管理会计知识 >
## 财务会计知识

　　掌握会计方面的相关知识是投资人需要不断去夯实的功夫。这是一个深刻而丰富的主题，在许多商学院通常会有一个学期完整的课程体量。我在这里稍微做了一些减法，主要向你介绍财务会计和管理会计这两大块的内容。我认为对于投资人而言，掌握管理会计知识的重要性要显著高于掌握财务会计知识。

　　为什么这么说？先来看财务会计和管理会计分别在处理什么问题。一名具备基本财务会计知识的投资人需要从公司的财务数据，也就是"财务三张表"里提取有效信息。它们分别是：损益表（Income Statement），报告企业的收入／费用在一段时间内的变化；现金流量表（Cash Flow Statement），报告企业所有账目（收入／支出，资产／负债）的余额变化，确定企业在一段时间内收到或使用现金的情况；资产负债表（Balance Sheet），报告企业某一时间点所有资产和负债科目的余额。从这三张表覆盖的信息可以看到，财务会计分析的主要是企业当期的盈亏情况。

再来看管理会计：管理会计在某种意义上分析的是企业成长的驱动因素（Driven Factor）。深谙管理会计之道的投资人能将成本、业务、竞争等诸多驱动要素综合起来评估企业的价值。我在这里打个样，向你简单介绍它们可以如何用于研究分析。

先说成本。以在线教育平台的获客成本为例：不少在线教育平台早期因为持续投入营销资金，获客成本高昂。但当平台形成品牌效应，以及在线教育整体的市场份额增大的时候，它的获客成本就有可能大幅下降。你需要关注广告投放额、新客数量、获客所需时长等数据，动态地评估获客成本曲线。

再来看业务。无论是一家仍在摸索业务模式的初创企业，还是一家相对成熟的公司开拓新业务模块——它们在这个阶段尚未实现清晰的盈利模式，需要你结合用户数量、市场空间、市场占有率等非财务指标，衡量业务是否是来自用户真正的需求，能否为用户创造价值。

接着说竞争。行业竞争格局也是一家企业成长的驱动要素。首先你可以拿企业的产品营收、现金流和利润等与同行业对比，找出企业潜在的问题。其次你要对企业是否在竞争过程中形成壁垒这一点非常谨慎。（没能形成壁垒所导致的）

过度竞争很容易把整个行业搞垮，这时候公司本身的价值也不复存在了。

投资人对这些驱动因素的理解不同，就有可能形成全然不同的价值评估。在学习管理会计的内容时，你要对尽可能多的驱动因素进行深入研究，形成相对综合的价值判断。

我之所以说管理会计对于投资人的重要性要高于财务会计，一方面是因为很多早期投资项目普遍面临不盈利、微利或者现金流不稳定的情况，财务信息披露也不充分，投资人较难基于财务指标形成对一家公司的判断。另一方面则是因为，认识到企业成长驱动因素的变化，对于投资人预测一家企业将来的发展会更有帮助。毕竟，风险投资本质上关注的是趋势的变化。与理解企业未来的发展相较，企业当期是盈利或是亏损可能并没有那么重要。

－ 王冠珠 －

# 算估值：找准与项目适配
## 的估值方法

## 02

上一节我们简单介绍了如何通过财务和管理会计知识评估公司价值。事实上，给被投资公司的股权估值正是私募股权投资交易的核心。它与投资人的投资成本（也是创始人的融资额），占股比例，乃至未来退出的收益直接挂钩。

在讨论估值方法之前，我们先要厘清一个概念：投资人给到一家公司的估值，比如说 1000 万美元，不是说今时今日把这家公司卖掉值 1000 万美元，而是有投资人有意以 200 万美元的投资成本获取这家公司 20% 的股权，因此赋予了公司一个虚拟的价格（200 万美元 /20%=1000 万美元）[1]。

---

1 实际情况要比上述举例复杂一些，这里稍做说明：投资机构经评估判断，先得到企业投资前的估值（简称为投前估值），比如 800 万美元。投给企业所需的 200 万美元以后，企业的投后估值变成 1000 万美元，即投前估值和投资额的总和。投后估值决定了投资人能够获得的股权，即 200 万美元 /1000 万美元 =20%。并且，投前估值、投后估值和实际交易价格需要供需双方协商确定。

这个观念可以引出第一种由**供需**决定的估值方法。举个例子，雷军当年创办小米，提出来的估值要上亿美元。这么大咖的人出来创业，在当时的市场上很少见。虽然不少投资人认为这个估值高，但还是有人愿意在这个估值上投钱。像这样的早期项目的估值，很大程度上是由投资人和创始人之间的供需关系决定的。创始人报价，如果有投资人愿意给出 XX 美金的估值，那么这个项目就值 XX 美金。

再来看第二种由**倍数关系**决定的估值方法。简单理解的话，一家公司的估值有可能是它净利润的 X 倍。投资人通过收集市场上获得风险投资的同类公司（Comparable）上一轮的估值数据，以及它们主营业务的年度净利润，可以计算出它们的市盈率倍数：

市盈率（P/E）＝参照公司估值（Price）/ 参照公司年度净利润（Earnings）

结合同类公司市盈率倍数的方差以及中位数，就会得到目标公司可以参考的一个市盈率倍数（通常在它上一财年净利润的 10 倍—20 倍之间）。将这个倍数和目标公司主营业务的年度净利润相乘就是它的估值：

目标公司估值＝目标公司年度净利润 × 合理的市盈率倍数

这种估值方法适用于一些快速成长期的企业。我们通常认为，一家公司的估值与它竞争者的估值息息相关。通过比较同一行业竞争公司之间倍数的差异，投资人可以对目标公司的价值被高估或低估有一个基本判断。

当然，市盈率并不是唯一可以用于计算估值的倍数关系。当公司尚未盈利的时候[1]，我们还会按市销率倍数（P/S），甚至日活用户数量的倍数计算。比如说，很多社交软件的创始人和投资人谈估值的时候，会搬出脸书以 190 亿美元左右的价格收购移动通信应用 WhatsApp 的事例。WhatsApp 当时的日活用户约为 3.15 亿人次（4.5 亿月活用户，其中 70% 是日活用户），每个日活用户的价值相当于在 60 美元左右。这就为很多尚未实现盈利的社交软件创始人提供了一个估值谈判的参照系：WhatsApp 的日活用户倍数是这样，我给你便宜一点——这个数儿。

如果说倍数估值法测量的是公司相对于市场的价格的话，那么我们要介绍的第三种估值方法，**DCF 折现法**，衡量的则是公司的内生价格。它是把公司未来一定时间内会产生的所有现金流，用利率（折现率）打折，换算到当期价值的

---

1  市盈率的分母是公司年度净利润。当公司的盈利尚为负数时，上述倍数公式就会失去意义。

一种计算方式。

$$v = \frac{CF_1}{(1+r)} + \frac{CF_2}{(1+r)^2} + \frac{CF_3}{(1+r)^3} + \frac{CF_4}{(1+r)^4} + \frac{CF_5}{(1+r)^5} + \cdots + \frac{CF_n}{(1+r)^n}$$

上述是 DCF 最简化的计算公式：n 代表年份，r 代表利率，CF 代表企业的现金流，也就是企业扣除所有开支以后可以自由支配的钱。

这种绝对的估值方法适用于那些已经进入成熟期，增长相对稳定的公司。这是因为，折算企业未来现金流的过程中需要做很多假设——比如企业在几年内的增长率，企业的"贴现率"——某个指标的小变化就可能带动估值的巨大波动。所以它很难应用于那些瞬息万变的互联网创业项目。

我试着用一句口诀把上述介绍的几种估值方法串联到一起：稳定增长的成熟期公司用 DCF 折现法算估值；有盈利的成长期公司按市盈率倍数算估值；没盈利但有收入的成长期公司按市销率倍数算估值；早期公司按日活用户倍数（甚至核心技术员工倍数）算估值；再不济就去看创始人。只是这个时候影响企业估值的就不是倍数关系，而是供需关系了。

－ 于红 －

# 签协议：不是终点，而是阶段性的里程碑

## 03

我们会在这一部分介绍约束投融资双方的核心法律文件。它们分别是投资意向协议和股权购买协议。我们将解答你对这两份协议可能存在的误解，详述它们的真正用意。

## 投资意向协议：条款要根据项目情况和外部环境调节

投资人和创始人就估值初步达成一致以后，会有一个签订投资意向协议（Term Sheet，TS）的环节——通过搭建 TS 框架，建立起双方对投资核心条款的认知。可以说，它在整个投资环节中起到了承前启后的作用。

现在在互联网上就可以检索到不少机构的投资意向协议，你可以快速了解协议上面具体的款项有哪些。这里我会以清单的形式，把 TS 上常见的款项列举出来供你参考（如图 3-1 所示）。

多看几张 TS 以后你可能会觉得：它们大同小异啊——像是投资额度、投资方式这些内容，每张 TS 上都会有，表述也大致相当——是不是像制定格式合同那样，只要修改上面核

- 投资额度
- 投资时间
- 投资方式
- 董事会席位和投票权
- 反稀释条款
- 回购安排
- 股东协议
- 信息披露
- 知情权
- ……

图 3-1 投资意向协议中的常见款项

心条款的数字就可以了？

这样想的话，你可要小心了。

首先，TS 只是投资人和创始人初步拟定的一个投资框架，其中大部分款项在法律上没有约束力（保密性、排他性、适用法律等除外）。很多 TS 会开宗明义地指出：本条款仅用于 XXX，除特殊说明以外，并无法律效力。

其次，投资人在搭 TS 框架的时候经常要根据项目具体的情况，甚至当时的投资环境来做出一些调整。你可以看看接下来的两个例子。

有些投资人会在 TS 中设计关于"有效 IPO"的款项，它要求企业在首次公开募股的时候能够保证优先股股东（也就是投资人）赚到自己原始投资的 X 倍以上，否则 IPO 无效。通过这段描述你应该能猜想到，有效 IPO 对专注于成长期投资的投资人而言是一条非常重要的款项——我 10 亿美金估值投进入的，公司至少得到 20 亿美金的估值去 IPO，这样我才能切实地赚到一些钱。但对于早期投资人——那些在公司只有 500 万美元估值时就把钱投进去的人而言，就不太有在 TS 上和创始人争论这一条款的意义了。

另一个例子则和增资权条款有关。你看这名字就应该知道，它是一条单向对投资人有利的款项：投资人在本轮投资的基础上能从创业公司那里获得一次增资的权利。和下一轮投资人的价格相较，增资价格还会有一定的优惠。根据华兴逐鹿对 2008 年到 2016 年间上百份真实 TS 的分析，金融危机之后的 2010 年是投资人在 TS 中使用增资权最多的一年。至于在那些"全民抢项目"的年代，由于增资权增加了投资交易结构的复杂性，不利于投资人快速拿下项目，这个条款也就没那么"流行"了。

也就是说，有各种各样的内外部因素会影响到 TS 框架内容的设计。对此，你可以先研读一遍所在机构过去签订的投资意向协议，分析不同项目 TS 条款的异同。然后你可以根据项目本身的情况与外部环境的变化来调整相应的条款。这是设计 TS 框架的关键所在。

－ 王冠珠 －

我们在前文指出，TS 没有法律效力。对于这样一份"君子协议"，重视声誉（特别是一些投成熟期项目）的机构表现出来的态度非常慎重。当然也有的机构把 TS 看得相对随意，甚至利用它去做不合常规的事情。

比如，用 TS"占坑"——TS 上通常会设计一个排他期条款，它的本意是保障投资人在一定期限内（通常是 60 天）独家谈判的权益，避免出现过多的竞争者而使谈判沦为一场价格战。但有的投资人就会利用这一条款把几家同类型的公司"锁"起来，在尽调环节挖完核心信息后撕毁（尽调报告不尽如人意的公司的）TS。

虽说创始人在法律层面很难动投资人一厘一毫，但这般"出尔反尔"会给投资人带来商业信用危机。对此，你需要保持警醒。

### 股权购买协议：评估尽调反映的小瑕疵是否需要在法律文件里修改

投资人和创始人在明确 TS 框架内容后会发起三轮尽调，全方位地给公司"体检"。这三轮尽调就是我们在"提前风控"小节提到的，由投资人主导的业务尽调，由会计师事务所或财务顾问主导的财务尽调，由律师事务所或法务主导的法务尽调。

尽调结果如果符合投资人的预期，双方就会签订股权购买协议（Share Purchase Agreement, SPA）。它是一份基于 TS 框架之上，带有法律效力的文件。

在绝大多数情况下，这三轮尽调会把公司现存的大小问题扫描出来。其中有一些小瑕疵，它们可能无关痛痒，也不大会影响投资人最终是否投这个项目的决定。但我还是建议你，首先正视它们内生的风险，然后回过头去看原先 TS 约定的条款，评估是否有机会在 SPA 上做出修改。

比如，有一份财务尽调报告发现，A 公司早期的损益表没有按照"权责发生制"要求的那样去确认本期收入和本期费用。计算方式的偏差，致使"不应该作为收入的部分计作收入了，应该作为费用的部分却没算进去"的情况出现。此时你就要意识到，原先 TS 给的估值可能要受影响了。

还有一份法律尽调报告反映 B 公司早期因为资金紧缺，并没有按照员工实际的工资，而是按照社保最低基数替他们缴纳社保。这种现象在初创公司中其实挺普遍的，B 公司后期拿到融资、现金流充裕后也正常给员工上社保了，但你还是要长个心眼儿：这种违反社保规定的情形，存在一定的风险。

我们很难要求投资人或者创始人单方面对公司的所有瑕疵兜底。所以，当尽调反映的大小问题，落到像 SPA 这样白纸黑字的法律文件时，你需要和创始人深度沟通，审慎评估。像 A 公司这样因为财务计算方式不合规而产生的估值偏差，通常可以在与创始人沟通后，在后续的 SPA 上修改过来。而像 B 公司这种内生的劳动用工法律风险，可能需要投资人自己去评估风险（take calculated risk），判断是否愿意承受它了。

－ 王冠珠 －

# ◎ 投后管理

投资和投后管理，很像发展和运营的关系。发展总是叫人振奋人心。落到日常运营，思考怎么把现有资源盘活——这件事对有的投资人来说可能就略显"平淡"了。

在向投资人请教他们在投资和投后管理上分配的时间以后，我们发现：早些年，很多投资人会把 70% 以上的工作时间分配给研究行业和找案源。投后服务总是放在机构做半年度复盘，或者公司有什么重大变动的时候才会去"临时抱佛脚"。

而这两年，很多曾经被资本竞逐的行业渐渐有了沉淀。过去追求跨越式发展的投资人也把更多的目光放在已投项目的精细化管理之上。

在接下来的几个小节，我们就来细说投后管理。你会通过战略，人才和资金这三个做投后管理的方向，理解一家公司从 0 到 1，从 1 到 100 面临的真实挑战。

# 战略：和被投企业
## 保持输入／输出

## 04

长期浸淫在行业里面的投资人，他们收集的信息、见过的人、感知到的趋势等，都有可能助力被投企业的成长。可以说，投资人在投后管理中最能使上力气的，就是对公司战略动态的研究判断。

但是，一些投资人不重视和创始人研判战略的沟通技巧，上来就对创始人指手画脚，要求对方应该这样那样的布局。这很容易把创始人防御性质（defensive）的界面打开，导致期听不进去意见。

财务投资人和创始人之间，本身就有小部分利益不一致（比如说高管期权的分配，上市时间的规划等），我认为投资人首先要在双方利益重叠的地方做加法，和创始人建立起信任后再去深入研判攸关企业发展的战略。

华米科技是小米在智能可穿戴领域的重要伙伴。我曾在红杉资本中国基金任职期间参与投资了这家公司，在黄汪（华米科技创始人）团队设计研发初代和二代小米手环的过程中与他们保持着高频次的沟通。对于这款产品，团队一方面希望它在外观、交互体验、功能等方面都可以尽善尽美，一方面也希望用产品定义的方式来确定手环的最高优先级，让它可以在市场上一炮打响。

经过很多轮的讨论，创始团队找到了这款手环的最高优先级，续航时间。"很多戴手环的用户，一开始只是图个新鲜。戴两天就要充电的话，用户新鲜劲一过就不伺候了。"只有在续航时间足够长的情况下，才有可能平滑地建立起用户使用黏性。

而当时，绝大部分手环的续航只有一周左右。为了保证手环的续航时间在 30 天以上，华米在初代产品上放弃了使用耗电量高的显示屏，手环主机的"米粒"上面只有三个小亮点。这样的外观在今天看来或许有些粗劣，放在当时也很难算是标新立异。然而，初代小米手环在上市后的 3 个月内就实现了百万销量，后续销售速度不减反增，到第 4 个百万销量用时不到 1 个月。

我们作为投资人，根据自己在智能硬件领域的投资经验，跟创业团队达成了这样的战略共识：为了把一个能够留住用户的功能做到极致，在初代产品上牺牲其他方面的功能是可以接受的。

这或许可以给你一点启示：投资人和创始人之间如果可以在建立信任的基础上，就核心产品和业务持续保持战略方向的输入与输出，可以给企业发展带来助推的效果。

– 李剑威 –

# 人才：帮助创始团队
## 弥补人才短板

## 05

再来看人才招募。我们一般认为，企业发展和人才招募是相互联动的。和创始团队研判战略，复盘未能达成某个短期目标的原因时，我们经常会绕回到"缺人"这个问题上。根据企业战略发展的需要——比如说早期需要产品负责人、市场销售，后期需要 CFO——为他们推荐高管候选人，也是投资人投后管理工作非常重要的组成部分。

但请注意：投资人"做招聘"和一般猎头会有些差异。我们更多时候提供的是找人方向，而不是提供某个具体做事的人。

我举两个例子：一支产品很新的创业队伍希望吸纳营销专家，我有时会建议他们到用户群里找，而不要搜罗市面上的专家。很多专家营销的是成熟稳定的产品，他们有比较强的思维定式，很难发掘出"新物种"的优势。相反，用户群里真正热爱原型产品的那部分人更有可能知道未来喜欢这款产品的用户在哪里，以及他们的共性是什么。如果这时候，他刚好是个营销专家，那就再好不过了。

如果一个做新业务的创始人想找搭档，我有时会建议他们去看看那些创过业（但没创成），并且人还不错的 CEO。和大公司某块具体业务的负责人比较，拥有这样背景的候选人有从 0 到 1 的实际操盘经验，综合能力有时更胜一筹。不过这些建议往往具备一定的创新性，所以一定要因人因事而异。

说实话，投资人在选人方向上的认知不是凭空得到的。你需要经常和初创团队一起去面试各种类型的高管候选人，从中收集信息、提取经验。比如，在解决某个具体的技术问题上，是头条系还是阿里系背景的人才更合适。此外，你还需要吸取过去被投企业的用人经验，在新投资公司的招聘情境中调整用人方向。

当然，我相信你还有可能遇到另一种相反的情况，就是创始人根本没有意识到自己缺人。他们很多都在埋头做自己的事儿，觉得底下这帮亲兄弟用着都挺好。而作为投资人，过往经验告诉你，公司的某块业务亟待输入新鲜血液。你反复跟创始人沟通，对方却不听。怎么办？

我自己在处理这种情况时通常会直接引荐创始人去见这个行业／这块业务里最优秀的那批人。虽说对方一般有自己的考虑，不会轻易加入我投资的初创团队；但这么做能打开创始人的视野，让他逐渐意识到"为什么这个人可以把事做成，而之前的人却不行"。创始人对招募人才的要求自然会提高。与其干巴巴地跟创始人说明人才的稀缺性，直接带他去见"实物"的帮助会来得更大。

－ 于红 －

当然，我们在上文介绍的所有方法都是建立在投资人诚心愿意帮助创始团队的基础上的。找人这件事可以无限地做减法：投资人如果只是帮着拉了个微信群，连寒暄也没多说几句，那么创始团队和人才的沟通往往就草草收尾了。如果某位人才的引进对于被投企业发展起到关键作用的话，你首先要予以足够的重视，再通过以上的方法积极推动它。

# 资金：为下一轮融资未雨绸缪

## 06

我们知道，融资是企业在还没有良好"造血能力"的情况下，保证自身资金链稳定的必要支撑。当你把真金白银投入一家公司以后，就应该持续关注它的资金分配情况。

比如，通过了解企业的财务数据，和创始团队一起在运营成本上做减法、在盈利和变现渠道上做加法。再比如，根据企业账面上能够支持的资金去反推接下来的融资计划。

这里请特别注意：企业引入下一轮投资机构的时候，势必会有一段时间的接洽和磨合。你和创始团队都应该未雨绸缪，提前梳理融资规划，做好与各路投资机构对接的准备。至于需要提前多久，我个人的建议是企业现金流存量≥18个月时就要着手准备和资本的对接了。

那么，在创始人对接下轮投资人的过程中，你作为项目前期的参投方又可以做些什么呢？我认为主要是结合项目本身的情况去给创始人提一些意见。

我经常建议创始人（对预期估值）做最坏的打算，拿更多的钱，即便估值不在你的预期里也不要去减少融资额。

有的创始人一开始会不同意，觉得这么做是在"贱卖"公司。实际上，在市场遇冷的情况下，企业能否融到钱可能要比按照多少估值融钱来得更重要。因为如果能够逆势融资，在竞争中往往就取得了先机。

最后我想强调，我们在上文介绍的所有方法都是基于一个核心理念，即投资人是创始人的第三只眼，而不是副驾驶，更不是左右手。第三只眼就是给创始人打开一个可能的新世界，增强创始人对外界的了解程度，但尽量不干预具体的事情，因为创始人才是公司的驾驶员。

－ 于红 －

此外，如果创始人就接下来轮次接洽的投资人向你征询意见的话，你可以建议他从以下这几个维度考虑：

第一，看这名投资人既往的声誉，能否在战略研判和人才招募方面给到创始人专业的建议。

第二，看这名投资人在他机构里的影响力，能否尽可能多地调动机构里的资源，为创始团队提供帮助。

第三，看这名投资人所在机构的决策风格。成长期企业在日常运营过程中会遇到很多问题；特别讲究公事公办的机构，在企业面对一些突发情况的时候，包容度会很低。

# ◎ 能力进阶

上文我们介绍如何算估值、签协议、做投后管理，都是为了帮助你去完成一个股权交易。这一小节，我们可以更深入地看几位资深投资人在完成多次股权交易以后总结的经验教训。

# 习惯：在大滞后系统里通过复盘完成神圣的闭环

07

我们之前介绍了做投后管理的几个维度，但尚未说明投资这份工作可能会持续的时长——不是1、2月，也不是1、2年——从投资到退出，很多时候长达7、8年。岔开来讲一则趣闻，我所在的机构，新人投出一个项目的时候经常会说：请不要祝贺我，留到我退出的时候再这么做。

这也意味着投资工作是一个大滞后系统。如果你是工科背景，对这一表述应该不会陌生：系统受到输入信号的作用后，要经过很长一段时间才能把输出表现出来。

而在这样的系统里面，不光你最终得到结果的时间有滞后，你对一家公司形成的认知也会延迟。这是因为，公司实际的成长速度远远快于你对它的认识。很多投资人对一家公司的理解，常常就停留在投资它的时刻了。

我认为，投资人如果要在这个大滞后系统里面习惯时常延迟的反馈，并持续迭代自己对公司的认知，最好的一个方法是复盘。

　　我建议你每接触一个项目，不管投没投，自己都要记上一笔：我是怎么判断的，依据是什么？即便后续你暂时把这个项目放下了，还是可以常去翻翻自己过往的笔记，看项目的发展情况跟你当时的判断是否吻合。

　　复盘一词的词源，是围棋手对局完毕后复演棋局的记录，以便检查对局中棋手的优劣和得失关键。对于投资人而言，复盘并不是为了一劳永逸地知道接下来该怎么办，而是为了让我们反复验证或是修正自己的理解和预期，有意识地走完一个项目的闭环。

－ 王冠珠 －

# 动态：开放地看待
## 公司发展的变化

**08**

　　投资人总有这样一个非常朴素的心愿：创业者有一个好想法之后会一以贯之将它执行出来。如果你也是这么认为的，那么接下来要讲的事例可能会让你失望了：一家公司的发展路径鲜少是一成不变的。跨细分行业，甚至跨产业都是时有发生的事。

　　举几个例子，微软最初做的是编程工具，后期才转做操作系统。Slack 在成为"明星"的云端办公协同软件之前，则是一个失败的游戏。当然，国内一些非常优秀的公司，比如说美团，虽说现在早已和"吃"绑定在一起了，但你别忘了，它一开始做的主要是团购业务，也是在 2010 年—2014 年"团购大战"中杀出重围的赢家。

　　我想，公司发展路径的转变有很多方面的原因。比如，用户最后买账的东西和创始人原初那个"好的想法"天差地别。再比如，创始人押注的行业发展势头没有达到预期，很快见到了天花板。又或者，创始人的商业模式在公司体量相对小的时候是成立的，规模变大后，管理难度同比大幅增加，小而美的模式也就很难走通了。

这些原因都有可能使投资人在某个细分行业下看好的某个公司，最终进入一个很不一样的行业类别。甚至，在众玩家习惯"跨界竞争"的情况下，很多相邻的赛道会互相融合——滴滴和美团就曾在打车和外卖领域相互尝试。所以，同一个投资机构在不同产业类目下投资的公司跑着跑着到一块儿去了，也是时有发生的事。

对于初创公司而言，创业过程中换方向并没有什么见不得人的，而且他们的新业务很多时候是在创始团队过往经历的延长线上，也可以说是"意料之外，情理之中"。作为投资人，你需要以动态的眼光审视被投企业的变化，与它们协力完成关键转折。毕竟，变化再大、不确定因素再多，也要好过在注定失败的道路上一直走下去。

– 李剑威 –

# 选择：把时间分配给关键变量

## 09

在行业内深耕一段时间后，你会发现这样的情况：同样是刷商业计划书、做项目研究、约见创始人，不同投资人表现出来的工作效能差异极大。有频频拿下独角兽的"点金胜手"，就肯定有迟迟没法投出自己满意的项目的人。

其中很重要的原因是，投资人在不同公司，以及对于公司各个考察点上分配的时间很不一样。而我认为：把时间分配在影响项目发展的关键变量上的投资人，表现出了更高的效能。

我们习惯套用原先积攒的经验去解决新问题——投资人对 A 公司按照行业趋势、细分市场规模、竞争情况等挨个盘了遍，投中了；研究 B 公司的时候也这么操作。但就像我们刚才提到的，根据项目本身的情况把握关键变量，才是更有效的投资方法。

比如，你收到一家药企的商业计划书，团队正在研发的新药可以治疗肺纤维化。这时你要做的肯定不是把这家药企的经营情况从头至尾摸一遍，而是应该着重验证新药的成药性。肺纤维化目前是一种只可延缓但无法逆转的病症，有巨大的未被满足的临床需求。在这个项目上，与其用大量时间研究药能不能卖出去，参考实验数据来验证它的成药性才是更重要的。

但如果你在看的是一家做验孕试纸的公司，你就应该把关注点放在产品主打的差异化上面。验孕试纸背后的市场已经相当拥挤了，新公司想进入这块市场的话，肯定需要拿出和行业现有玩家不一样的打法。比如，是不是能测出女性的激素水平，甚至怀孕时间。当然，消费者会不会为这个差异化买单也是接下来你应该考量的。

微观层面的项目和产品如此，宏观层面的行业产业研究也应该通过这种方式展开。投资人正是在更少且更重要的变量分析上做到最好，从而才提高了自己工作的效能。

－ 某资深 VC 投资人 －

把研究时间更多地分配给关键变量能大大提高工作效能。但退一步讲，在"项目的关键变量是什么"这件事上，大家会有一些不同的看法。

投资人王冠珠分享了自己研究滴滴这个项目的经历。当时，他一头钻进了平台获客成本的调研，认为这是影响项目估值的关键变量。而另一位同行认为，滴滴是在中国支付环境变革中产生的产品形态，有可能从一款打车软件演化成为极其复杂的移动互联网产品。它在创新过程中产生的溢价是投资人应该着重考量的。

因为大家看待项目关键变量的角度不同，所以经常有"我把这门生意看小了""可能顺着你的思路去看项目更对一些"的情况存在。常问常听投资同行分析关键变量的视角，有可能会在提高工作效能方面达到四两拨千斤的效果。

# 定位：长期目标没错，
# 短期小错不打紧

## 10

**创业公司在日常运营过程中要低头看路，在制定长期规划的时候又要抬头赶路。** 很长一段时间里，他们都处于这种"自我分裂"的状态。对此，很多投资人心里可以说有千万个不放心，生怕他们在某个岔路口选错方向，误入歧途。

但我在近身观察一些公司的运营情况后，发现实际情况并没有投资人想得那么糟：只要长期的定位不出错，公司短期快速试错并不要紧，反过来还有可能助力公司发展。

一加（OnePlus）是坚持研发高端安卓旗舰机的中国手机品牌。因为其高配置，精做工的市场定位，在国内，乃至欧美、印度市场都收获了很多消费者的好评。即便是这样一款定位清晰的产品，在"智能手机市场份额争夺战"进入白热化的 2015 年也曾迷失过方向。当年，一加不仅开设了数十家线下门店吸引流量，还拓宽了自己的产品线——在推出当年的旗舰机一加 2 之后，又新推出了一款价格更低的轻旗舰产品一加 X。

这两条希望走进大众市场的策略，一方面让一加的资金链出现问题，另一方面也让他们原初旗舰品牌的定位变得模糊起来。

几经摇摆后，他们非常果断地和这两款产品做分割，继续"把有限的资源投入到最需要的地方"，即产品研发上面。隔年推出第三代一加手机的时候，他们重新强调了高品质旗舰机的概念，恢复了口碑。

企业发展的历程就好像长征一样：排除黑天鹅的情况，只要企业长期定位准确——以我们刚才提到的一加为例：他们定位在利基市场（Niche Market）[1]，而不是大众市场——途中也许要爬雪山、过草地，但最终还是能够抵达终点。

－李剑威－

---

1　它是指在较大的细分市场中具有相似兴趣或者需求的一小部分消费者所占有的市场空间。

## 第四部分

高手修养

# 窗口：高手不全是"老前辈"

就像前文提到的：风投界的新人，不少是已经在行业摸爬滚打了一阵的"老司机"。那么"高手修养"这部分讨论的拿到高级职级的投资人，理应是德高望重的前辈吧？

还真没那么绝对。你可以看看以下这些投资人的情况：

张颖在2008年创立经纬中国时只有35岁，曹毅在2014年创建源码资本时只有30岁，而福布斯中国2019年发布的30位30岁以下精英榜单（30 Under 30）上面，也有多位风险投资行业的青年人上榜。

事实上，有不少投资人"建功立业"的窗口时间是在40岁以前。2012年以来，他们把握住了很多面向年轻人的移动互联网投资机会，在30岁左右，甚至不到30岁的年纪投出了叫他们"一战成名"的项目。投资快手、斗鱼的曹曦，投资bilibili的李丰等人都属于这种情况。这些标志性的项目让他们在较短时间内积累了职级跃迁的信誉。

岔开来说，这种现象或许可以给到你一个启示：如果你在找工作的过程中，发现一家投资机构的合伙人都在60岁左右，年龄上没有明显的分层的话，你还得多长一个心眼——由较为年长的合伙人组成的投决会，有可能存在"跟不上"中国创业市场的快节奏的情况。

反过来看，尽管市面上有越来越多"投资人成名要趁早"的论调，我们也要正视年龄/阅历作用在一名投资人身上的积极影响。

首先，对很多年轻的投资人来说，他们的年龄和他们经手的财富往往会形成非常鲜明的对比。如何把 LP 的钱用在刀刃上，不光需要对资本，更需要对人性有深层次的认知。这是较为年长的投资人会更加有优势的地方。

其次，市面上有很多工业、科技领域的投资机会，天然需要投资人对产业上下游的发展情况有清晰的认识，同时要求投资人掌握一些产业背景资源。过去长时间浸淫在行业里的投资人，在投资相关项目时就会比较有优势。

这两点彰显了一名成熟投资人可能具备的优势。而当你从正反两方面看待一名优秀投资人和他年龄/阅历之间的关联时，我相信你会对自己在年轻时应该钻研什么，年长时应该坚守什么有更加清晰的认知。

－某资深 VC 投资人－

# 能力：把行业联系起来自由思考

## 02

我们一般认为，风险投资的研究工作有很强的专业性。比如我是专门看医疗行业的，那我就不太容易去看一些互联网行业。隔行如隔山，陌生领域研究起来实在费劲。

然而，这种在行业里面深耕的工作模式可能会让你陷入这样的误区：过分讲究术业有专攻，把自己擅长的某个行业看好就行了，其他陌生领域可以不碰，或尽量少碰。

我原先也是这么以为的。但当我发现自己看的游戏行业和制药行业在商业模式上有很多相似之处的时候，忽然意识到隔行未必一定隔着山。

游戏行业和制药行业核心资产的开发风险都非常大。游戏也好，新药也好，公司一开始其实并不知道能不能把它做出来。因此，前期它们都需要巨大的研发投入和漫长的研制周期。除此之外，它们二者的核心资产都需要不断被创造。没有哪家游戏公司、药企能靠着一款火爆的游戏或是一种特效药坐吃山空。只是"打响一炮"的话，之前玩英雄联盟的用户很快跑去王者荣耀了，一款专利药自然也会有到期的时候。

事实上，一名成熟的投资人应该经常锻炼自己把不同赛道的项目关联在一起思考的能力，也就是我们常说的 connect the dot，"连连看"。游戏和制药的共性是核心资产开发风险大、需要反复被创造。你在拿到一个游戏项目的时候，可以借鉴评估新药的逻辑，着重考察游戏公司前端的研发能力（和美工能力）、后端的发行能力。这几项能力影响着一家游戏公司能否持续地开发新产品，以及新产品是否可以得到市场的验证。

当然，把不同行业关联在一起的研究方法，除了可以帮你找到自己能力圈以外的投资机会，还有助于你认识到非常重要的一点：所有商业模式都面临着来自其他领域的竞争。比如，把很多相机品牌打了个措手不及的，不是哪家成像技术更好的相机制造商，而是拍照功能越来越完善的智能手机。同理，侧面打击便利店生意的是兴起的外卖平台，而不是"昙花一现"的无人便利店。

因为有这些来自其他赛道的竞争者，投资人不能仅仅评估同行业公司的竞合关系，而对其他领域的发展置若罔闻。把行业关联起来思考，甚至在行业之间创造联系的能力，是你需要不断去训练的。

－ 王冠珠 －

　　投资人王冠珠还分享了一种对比不同公司成长周期的方法。比如说，你看一家现在处于高速增长阶段的 A 公司时，就可以参考过去促使同一行业 B 公司完成高速增长的几个关键成功要素，把 A 公司未来可能产生的变化和 B 公司在过去完成的转变联系在一起观察。这种研究方式可以帮助你识别出一家公司跨越时间周期的变化。

# 感知：预判外部环境变化

## 03

之前的章节强调了感知外部环境的重要性。但我们还没有展开讨论的是，很多公司的商业模式早期游走于合法与非法之间的那块灰色地带。业务模式从不被法律允许到被允许，从可以"打打擦边球"到被明文禁止的变化，无不影响着我们的投资决策。

投资于外部环境的变化，特别是法律环境的变化，对投资人而言也是一个重要课题。

比如，我们现在可能觉得在手机上叫个快车是件稀松平常的事。但你可要知道，网约车这一业态本质上是对国家道路运输运行和管理规则的一次突破。2013年交通运输部下发的一份文件就将相关私家车从事网约车运营服务定义为"黑车"，要求在全国各地开展打击"黑车"的专项治理活动。如果你在这个时候碰到像滴滴这样的网约车项目，是投还是不投？

我们现在都知道当时"应该投"，因为在3年后（2016年）颁布的《国务院办公厅关于深化改革推进出租汽车行业健康发展的指导意见》和《网络预约出租汽车经营服务管理暂行办法》两个文件确定了网约车的合法地位。那些在2013年之前投入滴滴的投资人，很有可能是对未来的法律环境有一个预判，认为网约车合法化日后有可能实现，才会选择这么做。

此外，如果你对互联网行业的行业政策有所了解的话，应该知道中国的互联网行业存在着外商投资以及投资程度的限制。换句话说，我国的互联网公司是禁止外商直接投资的。在这一限制下，中国的互联网公司起初无法在海外上市。

但很快，这些互联网企业在探索新的融资方式时发现了所谓的VIE架构（Variable Interest Entities，可变利益实体）——一般为一家公司在境外注册上市实体（如注册在免税的开曼群岛），与境内运营实体分离。境外上市实体透过协议方式控制境内业务实体，运营实体就成为上市实体的可变利益实体。

这种借壳在海外上市的形式在法律层面显然打了擦边球。但早期很多投资人正是对中国有关外商投资互联公司的相关政策有了一个预判——中国互联网的发展确实需要大量的资金投入。这些公司如果能在海外上市，对发展我们自己的事业也是一件好事，中国监管部门目前仍然默许VIE架构的存在——才敢与之博弈，帮助更多的中国互联网企业找到在海外融资的途径。

投资人判断法律环境变化的能力，能帮助你甄别出一些别人（因为看不清）尚在犹豫迟疑的投资机会。这正是能助你"增值"的一大能力。

– 王冠珠 –

# 价值：买入一家真正创造 价值的公司最重要

**04**

我们在"新手上路"部分用较大篇幅搭建了研究框架，尝试梳理风险投资工作的流程与方法。而在大量接触创业项目和创始人以后，你会发现：在新手期强调的模型化的研究方式，可能会让你错过一些真正优秀的企业。

为什么这么说？来看几个案例。

很多投资人早期并不看好京东这个项目。先不说当时的外部环境（金融危机），光从京东内部做出的战略决策看——他们开始自建物流基础设施和配送团队，并从销售以数码 3C 品类为主转型成为一站式的消费平台——投资人从商业模式的研究角度考虑，很容易得出"这两大决策并不是什么好棋"的结论。

你想，自建物流基础设施，意味着每覆盖一个城市就要单独建造配送中心。这些配送中心一开始每天只能接 20 单，有投资人测算过，要到（每天配送）2000 单快递的时候才能回本。和其他电商平台"轻盈"的模式相比，京东的资产模式显然要重得多。

再说从专注于 3C 产品到扩张品类，特别是扩张到图书品类这一点，很多投资人也持质疑的态度。因为图书电商市场的渗透率（Penetration）不高，并且当时有当当网和亚马逊中国这两家公司占据了线上图书销售市场的半壁江山。要从一个被双寡头垄断的市场分杯羹，显然有些得不偿失。

上述判断是基于模型化的项目研究方法得到的。但对京东来说，这两项战略决策都有其必要性和合理性。在扩张品类这件事上，图书客单价显著低于 3C 产品，对应地用户购买决策成本也比较低。把买书的用户服务好，他们自然会在京东上买其他品类的商品。而在自建仓储这件事上，它会极大地加速物流在城市群内部以及城市群之间的流通速度。如果不"烧"足够的钱把物流系统打造出来，也就没法创造出京东今天的一大核心竞争力了。

再来看"今日头条"：有很多机构在今日头条 A 轮融资时并没有投资。因为结合彼时的竞争格局分析，新浪、搜狐和腾讯等公司都在计划做个性化新闻阅读的产品。和他们相比，那时候的"今日头条"还是一家小公司，并没有表现出什么竞争力。当然，现在我们都知道，今日头条的信息分发机制和推荐引擎，很快把门户网站时代的编辑人工推荐机制甩在了后头。

这两家公司，它们创造的价值其实很难用收入、盈利等指标衡量，也很难放入我们的研究框架中进行判断。但本质上，它们都是典型的"为社会解决问题和创造价值的公司"。

是否可以跳出框架，识别出这些疯狂创造价值的公司，坚定地持有它们——这是投资人"修炼"成为高手的必经之路。

－某资深 VC 投资人－

# 选择：找到适合自己的投资方式，不轻易变道

## 05

我们曾在前文强调：研究项目的方法应该基于项目本身的情况去打差异性。同样地，投资人也应该根据自身的经历甚至性格，找到和自己适配度更高的投资方法。

比如，有的投资人会在跨度特别大的行业和领域里"撒网"。与其说他们投资的逻辑是建立在严密的行业研究的基础上，不如说他们更关注创业本身，关注创业者的理念和激情。专注于早期投资的徐小平、王强等人就曾表示："我们投资的决胜点在于这个人讲的故事是否让我们激动，让我们觉得值得投。"他们对人性更有感觉，也更倾向从这个角度切入去看待创业项目。

有对人敏感的投资人，就肯定有对数据、对趋势、对商业模式等敏感的投资人。他们有的会自上而下，根据宏观形势和政策趋势去找项目；有的则会先结合运营数据、财务数据，从内向外研判企业价值。即便是同一个投资标的，每个投资人"第一眼"看到的东西其实也是有差异的。

选择和自己适配的投资方法或许是我们可以得到的第一点启示。除此之外，由于投资方法会深刻影响我们在工作中时间的分配——你其实可以去看一个投资人日常集中把时间用在哪些地方，从而深刻地去理解他们的投资逻辑。

－某资深 VC 投资人－

# 团队：招募一支好队伍，
## 让它自发生长

## 06

高级职级的投资人常会面对一些在"独立作业"时期未曾遇过的新课题：管理投资团队，甚至主导某只基金的运作。但在回答"怎么管"之前，我想先分享一段我在投资团队里"被管理"的经历。

我读完 MBA 的那年去到一家投资机构报到。上午 9 点到的，结果老板叫人力同事帮我订了一张中午 11 点去外地出差的机票。当时我非常纳闷：难道不该有个入职介绍吗？但实际上，像新人培训、企业文化学习这些很多公司"标配"的管理动作，风投机构很少会去做。

后来我意识到：这是因为在风投行业，招募人才的重要性要远远高于管理人才。高级职级的投资人如果可以在人才选拔环节把足够聪明、足够勤奋，并且在职业道德方面能够被信任的人才聚合到一起，他们之间自然会产生巨大的化学反应。与其说管理这些人才，高级职级的投资人更倾向在团队中搭建平台，让成员自发地去交流。

我现在的团队会集中讨论投资过程中遇到的一些共性问题，比如"如何判断一个创业团队"。大家就着自己和手头项目的创始团队打交道的经过，去聊创始人普遍表现出来的特质。

在成员分享的过程中，你其实可以了解到他们的长处与短板——A 和人打交道不怕生，可以多安排他和创始人见面；现在把 B 送上谈判桌还不太合适，让他先把项目研究做瓷实吧——从而让团队分工趋于合理。

除此之外，我们还会围绕一个项目，请主导／参与投资的几名成员复盘从做研究、约谈到投资，再到投后服务的流程。在这类讨论会上，你可以提醒团队里的新人去提问（投资各个环节）他们还没弄明白／还没遇到过的问题。了解成员在这些环节是怎么想、怎么判断的，对新人会很有帮助。

投资人正是以搭建平台的方式，将平日里单打独斗的团队成员聚集在一起，让他们在互相沟通，甚至互相挑战的过程中快速提升。

－ 王冠珠 －

# 组织：团队分工与成员培养

## 07

除了搭建交流平台，投资机构本身的运作机制也会深刻影响投资人的成长。大体上，机构会按以下两种形式去组织投资人的日常工作。

第一种，无论是初级职级还是高级职级的投资人，都有机会主导完成从投资、投后管理到退出的流程。不同职级的投资人都有可能在项目退出（或者基金存续期到期）后分到业绩报酬，即 Carry。

第二种，初级职级的投资人负责搜集项目，并在机构内部推动针对项目的投资。价值判断，也就是决定到底投不投的工作，则会交给高级职级的投资人去做。至于利益分配：有的机构设置有"前端奖金"——新人推荐的项目过投决会以后就可以拿到一笔钱。当然也有的机构认为，因为价值判断的结果是老人在背，所以后续还是会以分 Carry 的形式把钱给到老人。

这两种方式都能保证机构的良好运转。它们的差异主要体现在机构内部不同职级投资人的分工上面。

投资新人做出的第一份成绩，肯定是找到了一个好的项目。如果在采用第一种组织形式的投资机构工作，那么他在找到好项目以后有机会陪伴企业的成长。而如果在采取第二种组织形式的机构工作，那么他可能需要长时间地去做项目收集的工作。机构对他的考核通常也是基于一个季度往立项会上推了多少个项目。

组织形式深刻影响了成员的工作方式。你应该已经注意到，在这两种组织形式下工作的新人，他们得到训练的能力有一定的差异，分别是"找到值得投资的公司"和"找到适合推上立项会的公司"。

这两种能力没有什么高下之分。很多投资新人在找到值得投资的公司之前，也需要关注其他投资人往立项会上送的项目是怎样的。但如果机构考核培养一个新人，只是基于他往立项会上推了多少个项目的话，新人除了考虑项目本身的价值以外，也有可能去迎合市场上的风口，合伙人看项目的偏好；甚者有可能在尽职调查里注水，让项目表现得更能过立项会。

不管机构采取怎样的组织形式，找到值得投资的公司才是一名投资人的核心能力。作为高级职级的投资人，你需要在团队分工以及成员核心能力的培养上面找到一个平衡点。

－ 王冠珠 －

# 责任：受托人责任是
## 把职业做长的根基

08

　　我想请你试着把自己代入以下这个场景：从头开始跟进一个项目，见了创始人，做了细致的业务尽调，也在投委会上说服了提出质疑的大佬，最后到了投出项目，即交付一张大额支票的时刻了，你心底肯定万分紧张，感受到一股千斤重的压力。那么问题来了，你觉得这股压力的源泉是什么？

　　·投中这个项目即证明我想对了，我跑赢了自己的认知。

　　·项目投对与否会间接影响 LP 的信任，我要对他的资金负责。

　　大部分年轻的投资人（包括一些资深投资人在新手期）会选择前者。投资就是逆世俗之眼找寻前瞻项目，坚定地投入。这份带点儿个人英雄主义色彩的工作，需要你去豪赌自己的判断与想法，这一点未可厚非。

　　但我要提醒你的是，这种"投到了都算是自己的，搞砸了反正也是 LP 的钱"的心态，很有可能会给 LP 背后无数家庭财富带来毁灭性的破坏。2008 年那场由"一些不具备信托责任的人长期的所谓的成功行为"导致的金融危机，就沉重打击了部分美国养老基金，它们当中很多是风险投资机构的 LP。这种情况下，投资人自己的职业生涯也会在短时间内骤止。

反之，那些在投项目的时候会有意识地去思考自己对 LP 的责任，即具备受托人责任（Fiduciary Duty）的投资人，更容易在行业内长远地走下去，甚至长期地去运转一个投资机构。

投资人李录曾借这样一个场景去描述受托人责任，你可以借此去切身想象信托责任的"不可承受之重"：

> 你要把你从客户那里得到的每一块钱，想象成是来自你的父母，他们是中产阶级，一生都在努力工作，为了把你送到哈佛读书，他们把几乎所有的钱都花在了你的教育上，只剩下仅有的这一点钱。现在你从哈佛商学院毕业了，他们把钱托付给你，觉得你能够帮助他们增长一些财富。那你会怎么做？

你不能把做投资理解为在给创始人送钱，因为它很大程度上是在给 LP 赚钱。并且，这笔钱的重量是可感知的。当你对手上可支配的资金怀有敬畏之心的时候，你一定会静下心去思考：它们应该用在哪里，做出投资决策时如何找到风险和回报之间的那个临界点……

　　像这种把 LP 的每一分钱都当作"自己的父母节俭一生省下来让你打理的钱"的意志，是你在培养团队新人的时候需要着重去强调的。

－ 王冠珠 －

## 第五部分

# 行业大神

# 沈南鹏：创业者背后的创业者

1. 相比投资人的身份，沈南鹏更看重自己身上"创业者"的身份。这不仅因为他曾是携程旅行网和如家连锁酒店这两家上市公司的联合创始人，还因为他以创业的心态，从无到有、从小到大做出了红杉资本中国基金。

2. 专栏《李翔商业内参》中提过这样一则细节：红杉中国的通讯录是按姓名首字母排序的，不像很多公司通讯录先把老板们排在前面。而按照沈南鹏的英文名"Neil Shen"，他排在通讯录的中间靠后。

3. 加入红杉资本之初，沈南鹏就明确表示自己希望学习先进的投资机制。但他发现，"其美国合伙人们分享最多的并非发现苹果和谷歌的心得，而是将40年的投资经历总结为一张纸，其中罗列着39个过往的重大错误"，包括"投资早期企业时股权太少，以及投资在早期就被过高估值的公司"。

4. 沈南鹏将自己在2008年时没有投资京东看作是"最后悔的一次投资失误"。常理说，这个失误只能放在之后投其他公司的时候去弥补了。但沈在京东下一轮融资估值涨了100

倍时投资了他们。我们在沈公开接受采访的观点里面找到了一句也许可以解释他这么做的话："我们的投资周期很长，我们会和一家企业一起走很长很长的时间，如果公司仍在高速成长，为什么不和他们走下去？"

5. 当沈南鹏错过"今日头条"估值尚为 5000 万美元的 A 轮时，他也非常坦然地承认自己的误判：我们"做了一个 VC 最常做的事情，对比各种竞品……"而在意识到"头条"产品的技术优势后，他很快成为后面轮次的投资方。事实上，沈南鹏让很多同行特别敬畏的一点，正是他在发现之前的错误以后能不带感情地纠错。

6. 沈南鹏高度理性化的思考方式，还在很多方面有所体现。他曾在 2015 年的中国企业家论坛年会上用物理学定律去诠释商业发展与变革的规律。这与经常借由孔孟、老庄阐释投资理念的高瓴资本创始人张磊形成了宛若在天秤两侧的风格。

7. 但沈南鹏曾在 2009 年初接受央视财经《中国经营者》节目的采访时，较为罕见地分享了下述这句感性的评论："中国人的勤力……向上精神，在很多中小企业家身上表现得淋漓尽致……在世界上的其他地方，我们找不到这样一种强烈的创业冲动，（想要）成功的冲动"。

8. 彼时的经济环境和今日或许都是一片黑天鹅湖。但正如 2020 年 4 月沈南鹏和黑石集团苏世民的对谈中强调的：做强中国（Long China），并在各个细分行业加倍投资中国（double down on China）是他过去 15 年以来的坚持。

参考资料:

1. 李翔:《从用户出发的创新和从自我出发的创新》,得到 App《李翔商业内参》,2016 年。

2. 红杉汇:《沈南鹏:从五大物理定律看新商业法则》,载"红杉汇"微信公众号,2015 年。

3.《"创客导师"沈南鹏:伟大的公司诞生于纯真的愿望》,http://www.bjnews.com.cn/invest/2015/09/21/378268.html,2020 年 10 月 10 日访问。

4. 何振红、周春林等:《独家对话沈南鹏:我的好奇心和驱动力 | 何问西东》,http://www.iceo.com.cn/com2013/2020/1009/307968.shtml,2020 年 10 月 10 日访问。

5. 李碧雯、马吉英:《沈南鹏对话苏世民:顶级投资家的成功秘诀、机会判断和对年轻人的建议》,http://www.iceo.com.cn/com2013/2020/0424/307379.shtml,2020 年 10 月 10 日访问。

# 李宏玮：从战斗机设计师
## 到女性投资人

## 02

1. 李宏玮（Jenny Lee）在 2015 年的福布斯"全球最佳创投人"榜单（The Midas List）位列第 10。"这是福布斯关注风险投资领域 14 年来，女性风险投资人所获得的最高排名。"

2. 在成为一名风险投资人之前，李宏玮曾在新加坡的新科工程航天公司工作了近 5 年，参与尖端国防技术的研发及战斗机改装工作。科技驱动的创业领域成为她从事风险投资工作以后的主战场。

3. 李宏玮发现，"在科技领域，总会有疯狂赌注。这是一些对尚不存在的产品或服务的设想——人们无法理解，就会在一开始认为不合逻辑而不予理会。但是一旦它们变为现实，大家又会觉得这理应存在。"研发全球首款载人级自动驾驶飞行器的亿航智能，就是她曾"疯狂押注"的一个项目。

4. 出于对 Deep Tech（深度科技）的深刻认知，李宏玮的投资逻辑很像是一个梳理产业链的过程。她在移动互联网崛起之前投资了与声学传感器有关的项目，因为手机的智能正是由传感器带来的。同样的，李宏玮也在移动互联网的基础设施成熟之前把握住了内容等垂直行业的 App 的投资机会。

5. 而在审视潜在的投资机遇时，李宏玮"不会让自己的背景、信仰、自我意识和经历影响她的判断。她将这一做法称为'怀疑暂停'。她所投资的业务以及所服务的目标市场，都与她的背景和偏好完全不同"，比如小牛电动、小佩宠物。

6. 李宏玮所在的 GGV 纪源资本，过往是一家主要投资 B 轮—C 轮融资阶段的机构。GGV 往早期投资延展的一个契机，就是作为管理合伙人李宏玮在 A 轮投资的英语流利说。并且，这不是她主动搜集到的项目，而是创始人王翌循着李宏玮的口碑找过来的。

7. "李宏玮每参加一个会议或者派对，都会问旁人，'这个房间里最酷的人是谁？离开房间之前，我应该认识谁呢？'"在一次美国的派对上，她结识了 iPod 之父托尼·法德尔（Tony Fadell）。

8. 为了在中国收集到更多的项目，建立起关系网络，李宏玮把大量时间投入到和创业者的会面上。早前，为了捕捉到科技领域的优质项目，她会先和各地高科技园区的负责人见面，再与园区排名前 3 到前 5 的公司沟通。她认为更有效率的沟通方式，是"关注创业者，多认真倾听，少高谈阔论"。

参考资料：

1.GGV 纪源资本：《GGV 李宏玮：好奇心的威力》，载
"GGV 纪源资本"微信公众号，2020 年。

2.李宏玮：《从仓库里的工程师到风险投资人，人生没有
什么不可能》，载 "GGV 纪源资本"微信公众号，2018 年。

3.郭佳莹：《GGV 管理合伙人李宏玮：输得起，才能
赢》，载 "中国企业家杂志"微信公众号，2018 年。

4.龚贞：《李宏玮和 GGV 踏出最坚决的一步 | IIR》，载
"机构投资者评论"微信公众号，2020 年。

# 迈克尔·莫里茨：是记者，也是投资人

03

1. 我们一般认为，迈克尔·莫里茨爵士作为谷歌、雅虎、YouTube 的早期投资者，是技术领域最成功的投资者之一。事实上，为进入风险投资行业，莫里茨曾面试过 5 家投资机构，被其中的 4 家拒绝了。莫里茨曾自嘲，他身上的 3 个身份标签——记者，历史系学生，从未有过风险投资的工作经验——在绝大多数机构看来一无是处。

2. 实际上，作为《时代》杂志的记者，莫里茨有很多机会接触硅谷科技公司的创始人以及风险投资人。乔布斯就曾给予他"不受限地接近自己的生活以及苹果公司所有方面的自由"。莫里茨写就的《重返小王国：乔布斯改变世界》（*Return to the Little Kingdom: How Apple and Steve Jobs Change the World*）展现的正是苹果公司第一个 10 年的创业经历。

3. 而在莫里茨当时面试的 5 家机构中，唯一接受他的就是红杉资本。莫里茨曾打趣道，红杉创始人唐·瓦伦丁（Don Valentine）可能是考虑到基金人才构成的多样性（diversity hiring），才决定录用他的。但很快，莫里茨在甄别科技领域早期的投资机会时展现出了非常独到的眼光。

4. 莫里茨有一句非常著名的判断，"企业在最初创立的 18 个月中的基因，决定了他的成败"。他后来曾补充：对于技术型的公司来说，组织的成败在它最初聘用 3、4 名工程师的时候就决定了，无须等到 18 个月那么长。没有招到对的工程师，看起来不是什么大不了的事情；但这就意味着与你最接近的竞争对手可能选对了人。"只是在这么两件事间，你就处在了一个被动的位置。"

5. 一家公司基因的形成用时很短，而莫里茨认为，培养一家有价值的公司则要花费比创始人预想的多得多的时间。他曾不无遗憾地表示："那些公司创立不久便将公司出售，短期内便获得高额回报的故事，歪曲了许多人对创业获得成功所需要时间的看法。"

6. 当公司预先规划未来的时间时，莫里茨则发表过这样的言论，"一份五年计划的价值还比不上打印它的墨盒。"因为对于初创公司来说，他们需要做的第一件事就是确保今天能生存下来，然后生存一个月，接下来一个季度，然后全年……这就像登山，你知道最高点、峰顶在前面，这很好，但是首先你必须拥有自己的营地。

7. 同样的，在时间这个坐标轴上，莫里茨对兴衰的循环非常感兴趣。他发现"与其他行业相比，技术领域的领导失败是更不容宽恕的。一次突然的根本性变化可以很快让一个年轻的公司占据显著地位，同时为该行业的领导者带来麻烦。技术世界的地板上遍布着曾经叱咤风云者的尸体"。

8. 在成为红杉资本的合伙人之后，莫里茨对机构的资产管理规模也形成了自己的认识。他认为在特定的时点，扩大基金的规模对业绩并无好处。当投资人能够支配的资金远超过他们实际所需时，他们很容易变得不理性，进而犯错。更糟糕的是，这些机构往往到最后都会因为投资过多的公司而难以聚焦。

参考资料：

1.[美] 莫里茨：《重返小王国》，梁卿译，中信出版社 2010 年版。

2.[美] 格冰芬：《硅谷创业课》，笪鸿安、吴益华译，中国人民大学出版社 2019 年版。

3. 斯坦福商学院：《GSB 播客 | Michael Moritz：寻找意想不到的机会》，载 "斯坦福商学院" 微信公众号，2019 年。

第六部分

# 行业清单

# 01  行业大事记

15 世纪，葡萄牙和西班牙王室通过资助航海员航行所需的资金、补给等，对尚未被开拓的航线进行投资，并允诺将一小部分来自新殖民地的税收收入奖励给海员。

**最早的风投实践**

**美国早期的风投实践**

1878 年，金融家 J.P.摩根赞助了爱迪生的通用电气公司，摩根本人成为照明产品的首批种子用户。

1946 年，美国研究与发展公司成立，这家投资公司建立了 GP/LP 架构，它的创始人之一乔治斯·多里奥特被誉为"风险投资之父"。

**第一家专业的风投公司**

**接受风险投资创立的仙童半导体**

1957 年，纽约的一家摄影器材机构资助了由八名技术人才（又称"八叛逆"）创立的半导体公司，它是第一家由风险投资的方式创立并获得成功的硅谷公司。

1958 年，美国推出的《小企业投资法案》，通过政府补贴支持来撬动民间资本，关创新型企业提供资金支持。

**小企业投资法案**

**纳斯达克建立**

1971 年，美国国家证券业者协会创立纳斯达克，它是第一个电子证券交易市场，为后期风险资本的退出提供了更有效的途径。

**红杉资本 & 凯鹏华盈**

1972 年，世界最大的两家风险投资机构红杉资本和凯鹏华盈，分别由唐·瓦伦丁和约翰·杜尔创立。硅谷大量的科技公司在这两家机构的支持下建立。

1980 年年底，苹果公司在纳斯达克上市，首日收盘价达每股 29 美元。这一时期，大量高科技公司在纳斯达克挂牌上市。

**"苹果"上市**

**"中创"公司**

1986 年，中国第一家风险投资公司，中国新技术创业投资公司成立，主要发起股东为国家科委和财政部。

1991 年，国务院批准，国家科委发布《国家高新技术产业开发区若干政策的暂行规定》，允许有关部门可在高新区建立风险投资基金，用于高新技术产品的开发。

**创办风投公司的文件**

**IDG 进入中国**

1993 年，IDG 资本在中国成立独立基金，成为首家进入中国市场的外资投资机构。

1996 年，《中华人民共和国促进科技成果转化法》，首次以法律条文的形式对风险投资加以规定，大公司，研究机构和个人首次被允许参与风险投资。

**投资主体变化**

**"新浪"获得风险投资**

1997 年，四通利方（新浪前身）获得 650 万美元的风险投资，这是中国的互联网公司获得的第一笔风险投资。

**深创投**

1999 年，地方国资委属性的本土创投机构，深创投成立。

2000 年，软银向成立仅一年的阿里巴巴投资约 2000 万美元，这笔投资为软银带来了超过 1700 倍的回报。

**阿里巴巴获得风险投资**

2004 年，中国证监会批复同意深圳证券交易所在主板市场内设立中小企业板块，板块内公司普遍具有盈利能力强，收入增长快的特点。

**中小企业板**

2005 年—2008 年，红杉中国、启明创投、经纬中国等投资机构成立，大量美元基金开始在中国民营本土化。

**美元基金本土化**

2009 年，中国创业板市场开市，中小企业在中国本土获得退出渠道，大量本土化的外资机构开始募集人民币基金。

**创业板**

2014 年，阿里巴巴在纽约证券交易所上市，股价上涨 38.07%，创美股史上"最大 IPO"。

**"最大 IPO"**

2014 年—2016 年，主流美元基金团队陆续发生裂变，大量投资人创业做新机构。

**基金团队裂变**

2018 年，受监管趋严、资管新规出台、金融去杠杆发挥效力等影响，中国风投市场全面回调，逐步进入资本寒冬，机构迎来深度洗牌。

**机构深度洗牌**

# 02　行业黑话

## （一）职业 & 职级

### 风险投资（Venture Capital，VC）

我们可以试着从词义层面来看这个贯穿本书始终的表述。Venture 作为动词时，意思是冒……的险（to proceed despite the risk of danger）。Capital 作为名词时，则有"能够产生额外财富的资产"（wealth used to generate additional wealth）的意思。这两层意思结合在一起，道出了风险投资的本质。它是面向初创企业的股权投资行为，高风险和高收益并存。

### 私募股权投资（Private Equity，PE）

广义的 PE 涵括了风险投资。狭义的 PE 特指对于发展到较成熟阶段企业的权益投资。实际业务中，很多 PE 机构在向前覆盖更早期的项目。同时，很多 VC 机构投资单笔项目的金额已经可以和 PE 机构比肩。因此，PE 和 VC 的界限在变得越来越模糊。

### 财务顾问（Financial Advisor，FA）

投资人和企业之间的投融资中介，对接项目和资金。投资人和财务顾问的部分工作界面有重叠，但在整个金融行业大类中，它们分别属于buyside（买方）和sellside（卖方），二者在收益来源和工作方式等方面有一定的区别。

### 分析师和投资经理（Analyst & Associate）

投资业界的初级职级。这个职级的投资人通常要具备基本的财务测算、行业研究能力，把握好自己主导或者参与的项目。

### 副总裁和投资总监(VP & Director)

投资业界的中级职级。这个职级的投资人通常要具备管理一个行业 / 项目小组的能力。除此之外，投资人寻找案源的能力会在此阶段得到很大的锻炼。

### 董事总经理和合伙人（MD & Partner）

投资业界的高级职级。这个职级的投资人对自己负责的赛道会形成比较深刻的认知。他们对创业者、出资人等不同群体也有相对敏感的判断。

### 创始合伙人（General Partner，GP）

创始合伙人一般要管理基金的日常运作和投资。同时，他们还会负责基金前端的募资环节。

### 有限合伙人（Limited Partner，LP）

私募股权基金的出资人，他们接受风险投资机构提供的资产管理服务。

## （二）工作界面 & 流程

### 投资组合（Portfolio）

投资机构通常需要配置不同类别的资产，来降低整体业绩的波动。投资组合是机构持有的所有投资产品的集合。

### 路演（Roadshow）

在风险投资的语境中，路演是指初创团队面向投资人展示企业产品，阐释企业愿景的活动。

### 商业计划书（Business Plan，BP）

创始人就公司产品、市场、发展潜力等情况向投资人展示的书面材料。

投资意向协议（Term Sheet，TS）

投资人和创始人就投融资初步达成意向后开出的"君子协议"。

尽职调查（Due Diligence，DD）

投资人就初步达成投资意向的企业开展和本次投资相关事宜的现场调查和材料分析。一般由投资人主导的商业尽调，律师事务所主导的法律尽调和会计师事务所主导的财务尽调组成。

股权购买协议（Share Purchase Agreement，SPA）

投资人完成对目标企业的尽调后，在 TS 基础上和企业签订的具有法律效力的股权认购文件。

业绩报酬（Carried Interest，Carry）

按照一支基金整体的表现或者基金内部投资项目的表现给到投资人的收入。

投资决策委员会（Investment Committee，IC）

投资机构内部针对投资项目 / 从项目退出设置的决策机制。

### （三）创业公司

#### 精益创业（Lean Startup）

哈佛大学商学院驻校企业家埃里克·莱斯（Eric Ries）提出的一种创业模式。精益创业提倡企业先向市场推出极简的原型产品，通过较小的成本和更有效的方式来验证用户需求，灵活调整创业方向，避免"昂贵地失败"。

#### 创业公司的"清洁工"（Startup Janitor）

硅谷一些强势的初创企业 CEO 会把"清洁工"这个称谓放在自己的领英介绍上面，展示他有能力将公司所有人"扫地出门"。

#### 收购式招聘（Acquihire）

以收购的方式获取对方持有的人才和知识产权。苹果公司曾借由这种方式取得了自动驾驶汽车公司 Drive.ai 的工程师和市场专家。而在初创企业陷入困境时，公司背后的风险投资人也会"游说"那些对其（初创公司）人才抱有兴趣的公司去收购它，实现退出。

#### 员工认股（Employee Stock Ownership Plan，ESOP）

通过让员工认购公司的股份，赚取分红的方式激励员工，让核心员工的利益和公司尽量保持一致。

### 期权池（Option Pool，OP）

企业在融资前为未来引进高级人才而预留的一部分股份。创始人通常需要就期权激励的对象、具体条款等和投资人进行协商。

## （四）数据指标

### 获客成本（Customer Acquisition Cost, CAC）

假设某家在线教育公司为了获取新用户而提供一对一辅导体验服务，每次辅导的人工成本是 400 元，那么这家公司的用户获客成本为 400 元。这是简化版本的 CAC 计算。实际情况下，我们还要考虑用户获取的不同渠道、用户自然增长和渠道增长的区分、用户复购等多项要素。

### 用户生命周期价值（Life Time Value, LTV）

还是以在线教育公司为例：假设这家公司和一名新增用户建立起了信任关系，这名用户未来接受教辅的需求都可以在这家公司的线上教育平台得到满足，那么这个用户后续在平台产生的消费乘以毛利率，就是他的"生命周期总价值"。

### 每用户平均收入（Average Revenue Per User, ARPU）

默认是公司每月的总收入除以同期的用户数量。而在界定同期的用户数量时，有按"月活跃用户数量"计算和按"月付费用户数量"计算的区分。通过第二种方式计算的ARPU值会相对高一些。

## （五）协议条款

### 对赌机制（Value Adjustment Mechanism）

根据投资以后公司的财务表现等，投资人可以要求调整持股比例，或者要求现金赔偿。

### 反摊薄（Anti-dilution）

又称反稀释，防止之前轮次的投资人持有的股权价值因为新投资人的加入而遭到稀释的股权补偿措施。

### 完全棘轮（Full Ratchet）和加权平均（Weighted Average）

完全棘轮是一种反稀释的调整机制。齿轮不能朝反方向转动；对应地，公司在后续轮次的估值一般不低于它的上一轮估值。而在公司后续轮次估值降低的情况下，完全棘轮机制会被触发，公司的老投资人有权调整其持有的股份的单价。

加权平均同样是确保投资人股权不被低价稀释的一种机制。只是，这种情况下，投资人在调整股份单价的同时，还需要考虑其权重，也就是新价格对应的股份数量。

## 赎回（Redemption）

要求创始人在一定条件下以特定价格回购投资人持有的股份。

## 强制出售（Drag-along）

行使这项权利的投资人可以拖拽其他股东和其一同出售股份。

## （六）估值 & 回报

### 市净率（Price-to-book Ratio，P/B）

公司市值和它净资产的比率。市净率越大，说明投资者普遍看好该企业，认为它有良好的发展前景。

### 市盈率（Price-to-earning Ratio，P/E）

公司市值和它年度净利润的比率。我们可以把某家公司的市盈率与它所在行业其他公司的平均市盈率比较，还可以把某家公司的预期市盈率与它的历史市盈率比较。投资人正是通过这种对比的维度，形成对公司收益预期的判断。

市销率（Price-to-sales Ratio，P/S）

公司市值和它年度销售收入的比率。我们在给亏损或者微利的早期企业估值时，往往会参考它的市销率。

企业价值倍数（EV/EBITDA）

EV 是公司的股权价值（包括外债），EBITDA 是公司未计利息、税项、折旧及摊销前的利润。

现金流贴现法（Discounted Cash Flow，DCF）

把一家公司未来 X 年内能够产生的所有现金流换算成现在价值的一种计算方法。

投资回报倍数（Multiple of Invested Capital，MOIC）

它反映的是私募股权基金投资的静态回报。

内部收益率（Internal Rate of Return，IRR）

可理解为私募股权基金潜在的回报率。它考虑了时间成本，排除了通货膨胀等外部金融风险。

## 投入资本分红率（Distributed over Paid-in，DPI）

可理解为私募股权基金的出资人真正拿回的钱。DPI 的损益平衡点为 1。在 DPI>1 的情况下，出资人获得超额收益。

# 03　头部机构 [1]

## GGV 纪源资本

### 机构简介

GGV 纪源资本是一家专注于全球早中期企业的风险投资公司，管理共 14 支基金，累计 64 亿美元的资产，在硅谷、旧金山、上海、北京、新加坡设有办公室。

GGV 纪源资本关注消费及新零售、互联网服务、前沿科技、企业服务和云等领域的创业公司，投资过包括阿里巴巴、滴滴出行、去哪儿、Airbnb、满帮集团、今日头条等近 300 家公司。截至 2020 年 2 月，GGV 纪源资本投资的公司中有 60 家独角兽公司，39 家公司已经成功上市。

GGV 纪源资本长期专注全球市场，深入本地化耕耘，交

---

1　以机构名称拼音首字母顺序排列。

融贯通，积累了独特的资源，鼎力支持创业者不断开拓创新。[1]

**典型案例**

阿里巴巴、小米集团、小红书等

## 红杉资本中国基金

**机构简介**

红杉资本始终致力于帮助创业者成就基业长青的伟大公司，为成员企业带来丰富的全球资源和宝贵的历史经验。48年来，红杉资本投资了众多创新企业和产业潮流的领导者。

红杉资本中国基金作为"创业者背后的创业者"，专注于科技 / 传媒、医疗健康、消费品 / 现代服务、工业科技四个方向的投资机遇。15 年来，红杉资本中国基金投资了近 600 家具有鲜明技术特征、创新商业模式、具备高成长性和高发展潜力的企业。[2]

---

1 机构简介摘录自 GGV 纪源资本官方网站，参见 https://www.ggvchina.com/。

2 机构简介摘录自红杉资本中国基金官方网站，参见 https://www.sequoiacap.com/china/。

**典型案例**

美团点评、今日头条、滴滴出行等

## 经纬中国

**机构简介**

经纬中国旨在与杰出企业建立长期关系，并助其成就行业领先的优秀公司。

经纬创投因其杰出的投资业绩和悠久的历史在全球风险投资行业中享有盛誉，而经纬中国正是前者在中国设立的联合公司，正式成立于 2008 年，并专注于寻找中国大陆的投资机会。

自 1977 年创立迄今，经纬创投已完成数百项投资并在许多成功企业的发展过程中起到重要作用。在经纬创投的投资组合中有 65 家公司已经上市，另有 110 家最终通过兼并收购方式赢得投资回报。就投资回报率而言，经纬创投始终在全球风险投资公司中名列前茅。[1]

---

1　机构简介摘录自经纬中国官方网站，参见 https://www.matrixpartners.com.cn/index.php/zh/。

**典型案例**

陌陌、理想汽车、VIPKID 等

## 启明创投

**机构简介**

启明创投成立于 2006 年，先后在上海、北京、苏州、深圳、香港，西雅图、波士顿和旧金山湾区设立办公室。目前，启明创投旗下管理九只美元基金，五只人民币基金，管理资产总额超过 53 亿美元。自成立至今，专注于投资 TMT、医疗健康（Healthcare）等行业早期和成长期的优秀企业。

自成立以来，启明创投以其出色的投资业绩，获得包括中国在内的全球范围内的出资人的广泛认可，成为创业者首选投资机构。在多个权威榜单中，启明创投已经成为中国风险投资界排名领先的基金。[1]

**典型案例**

小米集团、哔哩哔哩、微医集团等

---

1　机构简介摘录自启明创投官方网站，参见 https://www.qimingvc.com/cn。

## 真格基金

### 机构简介

真格基金是由徐小平、王强先生于 2011 年联合红杉资本中国基金创立的早期投资机构，累计管理资金总规模超 10 亿美元。真格基金自创立伊始，一直积极在互联网、移动互联网、未来科技、人工智能、企业服务、医疗健康、大消费、教育等领域寻找最优秀的创业团队和引领时代的投资机会。[1]

### 典型案例

美菜、优客工场、依图科技等

---

1　机构简介摘录自真格基金官方网站，参见 http://www.zhenfund.com/。

# 04　推荐资料

## （一）书籍

1.[ 美 ] 本杰明·格雷厄姆 / [ 美 ] 戴维·多德：**《证券分析》（第 6 版）**，中国人民大学出版社 2013 年版。

推荐理由：被誉为"投资者的圣经"。

2. 邱国鹭：**《投资中最简单的事》**，中国人民大学出版社 2014 年版。

推荐理由：一本去繁就简，追问投资本质的书。

3. 李利威：**《一本书看透股权架构》**，机械工业出版社 2019 年版。

推荐理由：实用的股权架构设计指南，从 30 个名企案例中学股权架构。

4.[ 美 ] 阿斯沃斯·达摩达兰：**《故事与估值：商业故事的价值》**，中信出版集团 2018 年版。

推荐理由：动人的故事 + 漂亮的数字 = 更好的估值，你可以试着用这本书提供的思维架构去评估一家公司的价值水平。

5.[美] 霍华德·马克斯：**《投资最重要的事》**，中信出版社 2019 年版。

推荐理由：橡树资本创始人的投资备忘录，他将风险、周期、预期等投资母题提纲挈领地串联在一起。

6. 李录：**《文明、现代化、价值投资与中国》**，中信出版社 2020 年版。

推荐理由：查理·芒格（Charlie Munger）家族资产管理人的文集，带你在一个更长的商业周期里观察价值投资的观念、方法与实践。

7. 张巍：**《资本的规则 II》**，中国法制出版社 2019 年版。

推荐理由：以"中国的问题、世界的眼光"，讲述资产市场的主干性原则，以及作为资本市场主要参与者的企业应该如何生存发展。

## （二）播客节目

1.《创业内幕：Startup Insider》，podcasts.apple.com/cn/

podcast/ 创业内幕 –startup–insider/id1448032419。

推荐理由：GGV 纪源资本出品的非严肃商业访谈。

2.《到海外去》，https://chuhai.co/。

推荐理由：分享中国企业的出海故事和经验。

3.《疯投圈》，https://crazy.capital/。

推荐理由：从投资视角探讨商业本质。

4.《迟早更新》，https://podcast.weareones.com/。

推荐理由：探讨科技、商业、设计和生活。

5.《硅谷早知道》，https://guiguzaozhidao.fireside.fm/。

推荐理由：带来最新的硅谷热门话题和资讯。

6.《三五环》，podcasts.apple.com/us/podcast/ 三五环 /id1475113228。

推荐理由：互联网产品经理刘飞主持，和"三五环"之间嘉宾闲聊他们的观察、创造和思考。

7.《泡腾 VC》，https://popvc.fireside.fm/。

推荐理由：一线投资人带来最前沿的 VC 趣闻。

8. **贝望录，**withinlink.com/zh/insight/ 贝望录 /。

推荐理由：展现企业管理者、创意人、创业者等在应对当下技术革新与市场变化时的行动与思考。

9.**Exponent，**https://exponent.fm/。

推荐理由：硅谷投资人本·汤普森（Ben Thompson）主持，探讨科技、商业与社会的关系。

10.**a16z，**https://a16z.com/a16z-podcast/。

推荐理由：硅谷风险公司安德森·霍洛维茨（Andreessen Horowitz）出品，着重讨论科技变革以及不同规模公司的建构。

# 05 工具箱

## （一）企业价值判断清单 [1]

红杉资本接触过众多的初创公司，并总结了如下那些能够经受市场磨砺，有机会成长为业界参天大树的标杆企业的特征：

· 目标清晰：在一张名片背后就能讲清公司业务。

· 市场庞大：服务于即将迎来快速增长或变革的市场。一个拥有 10 亿美元潜在规模的市场会容许创业者不断试错，直到获得真正的利润。

· 优质客户：针对愿意为独特产品支付溢价且能迅速决策的客户。

· 专注专一：用户只会为具有单一价值主张的简单产品付费。

---

1　摘录自《红杉资本：成为参天大树企业的 11 种特质》，详情参见 https://www.sequoiacap.com/china/article/elements-of-enduring-companies/。

· 对症止痛：找到客户的切肤之痛，用令人信服的解决方案去取悦客户。

· 不同凡想：不断挑战思维定式，不走寻常路，创新解决方案，在竞争中智取对手。

· 团队DNA：一家公司的DNA形成于公司创立的最初90天内。明智选择早期员工。

· 灵活敏捷：低调和快速能击败缓慢的行业巨头。

· 反弹能力：磨炼公司跌倒反弹并不断尝试的能力。

· 极致节俭：聚焦投入，只在那些至关重要、具有优先地位的事上花钱，并竭力让收益最大化。

· 星火燎原：只用很少的钱启动。这迫使你自律和专注。点燃客户渴求伟大产品的巨大市场只需要很少的火药。

## （二）尽调报告核心写作要素 [1]

**· 市场**

市场需求强度（是少数人的现有需求吗）

市场的成长性（有可能演化成为多数人的现有需求吗）

市场规模大小（从 500 亿这个虚数做推演）

**· 产品和商业模式**

产品是否带来结构性变化的解决方案

产品的单位经济效益计算公式是怎样的（售价、毛利率、成本……）

对目标细分市场的推广和营销策略是怎样的

**· 竞争优势**

进入壁垒：技术

竞争壁垒：品牌、规模、网络效应、数据等

---

1 根据本书讨论框架整理。

**·创始人**

核心能力考核：愿景力、开放性、同理心、领导力

**·团队搭建**

招聘标准和时间节点是否明确

团队岗位是否有明显的空缺

团队核心成员的（技术）能力是否满足产品研发的需要

**·财务指标**

收入（增长情况和增长质量）、毛利率水平、净利润指标、现金流、主要客户、供应商等

**·风险因素分析**

从业务、财务和法务三个维度讨论

**·退出假设**

可能的退出通道

是否能按时达到上市目标

**图书在版编目（CIP）数据**

这就是投资人 / 翁慕涵编著 . -- 北京：新星出版社，2021.1
ISBN 978-7-5133-4240-7

Ⅰ . ①这… Ⅱ . ①翁… Ⅲ . ①投资－通俗读物 Ⅳ . ① F830.59-49

中国版本图书馆 CIP 数据核字（2020）第 223310 号

# 这就是投资人

翁慕涵　编著

**总 策 划**：白丽丽
**责任编辑**：白华昭
**营销编辑**：龙立恒　longliheng@luojilab.com
　　　　　　王若冰　wangruobing@luojilab.com
**封面设计**：李　岩
**版式设计**：靳　冉

**出版发行**：新星出版社
**出 版 人**：马汝军
**社　　址**：北京市西城区车公庄大街丙 3 号楼　100044
**网　　址**：www.newstarpress.com
**电　　话**：010-88310888
**传　　真**：010-65270449
**法律顾问**：北京市岳成律师事务所

**读者服务**：400-0526000　service@luojilab.com
**邮购地址**：北京市朝阳区华贸商务楼 20 号楼　100025

**印　　刷**：北京盛通印刷股份有限公司
**开　　本**：787mm×1092mm　1/32
**印　　张**：7.375
**字　　数**：110 千字
**版　　次**：2021 年 1 月第一版　2021 年 1 月第一次印刷
**书　　号**：ISBN 978-7-5133-4240-7
**定　　价**：45.00 元